Globalisierung

So funktioniert die weltweite Vernetzung

Von Wolfgang Böhm
und Otmar Lahodynsky

VERITAS

in Kooperation mit:

WKO WIRTSCHAFTSKAMMER ÖSTERREICH

lk landwirtschaftskammer österreich

WIFI WKO

go international
Eine Initiative von BMWA und der WKO
www.go-international.at

Mit Bescheid des Bundesministeriums für Unterricht, Kunst und Kultur, GZ 5.050/0017-V/9/2008 gemäß den aktuellen Lehrplänen als für den Unterrichtsgebrauch an allgemein bildenden höheren Schulen für die 8. Klasse, an höheren technischen und gewerblichen Lehranstalten für den I. und II. Jahrgang im Unterrichtsgegenstand Geographie und Wirtschaftskunde geeignet erklärt; an Handelsakademien für den I. und II. Jahrgang im Unterrichtsgegenstand Geographie (Wirtschaftsgeographie) und für den V. Jahrgang im Unterrichtsgegenstand Internationale Wirtschafts- und Kulturräume für geeignet erklärt; und an höheren Lehranstalten für wirtschaftliche Berufe für den Unterrichtsgegenstand Wirtschaftsgeographie für geeignet erklärt.

Schulbuchnummer: **141.124**

Für weitere Informationen steht Ihnen gerne Ihre VERITAS-Kundenberatung zur Verfügung.
Rufen Sie einfach an, schicken Sie ein Fax oder ein E-Mail!
Tel. 0043/(0)732/776451/2280, Fax: 0043/(0)732/776451/2239
E-Mail: kundenberatung@veritas.at
Besuchen Sie uns auf unserer Website www.veritas.at

in Kooperation mit:

WKO WIRTSCHAFTSKAMMER ÖSTERREICH · lk landwirtschaftskammer österreich · WIFI WKO · go international

1. Auflage (2008) – Entspricht der Rechtschreibreform 2006.
Gedruckt in Österreich
Lektorat: Martha Hasenhüttl, Graz; Barbara Pogelschek, Linz
Herstellung, Layout und Umschlaggestaltung: Manuela Affenzeller, Neumarkt
Umschlagbild: Susanne Suk, Linz
Bildredaktion: Susanne Suk, Linz
Satz: Werbebüro Günther Linecker, Linz
Druck, Bindung: GRASL Druck & Neue Medien GmbH, Bad Vöslau
Schulbuchvergütung/Bildrechte: © VBK/Wien
ISBN 978-3-7058-7397-1

Vorwort

Die Globalisierung wird heute von vielen Menschen als Bedrohung empfunden. Sie wird mit dem Verlust von lokalen Arbeitsplätzen, mit internationalen Finanzspekulationen, mit Armut und mit terroristischen Bedrohungen in Zusammenhang gebracht. Und obwohl die Welt heute viele dieser negativen Effekte tatsächlich aufweist, liegen in der Globalisierung doch auch Chancen. Die weltweite Vernetzung bringt dem Einzelnen neben Risiken auch zahlreiche neue Entfaltungsmöglichkeiten. Die Globalisierung ist kein Phänomen, vor dem Regierungen und BürgerInnen kapitulieren müssen. Es ist möglich, diese vernetzte Welt individuell zu nutzen. Um auch an den negativen Seiten dieser neuen Form der Globalisierung etwas zu ändern, ist es notwendig, sich zuerst mit den weltweiten Zusammenhängen zu beschäftigen.

Dieses Buch erklärt das Phänomen „Globalisierung" mit aller Offenheit und samt ihren Widersprüchen. Es macht Zusammenhänge und Probleme deutlich. Vor allem aber möchten wir Autoren die Hoffnung vermitteln, dass zumindest ein Teil der negativen Auswirkungen der Globalisierung beseitigt werden kann. Es gibt eine Chance auf eine neue Fairness – allerdings nur dann, wenn mit dem Begriff „Globalisierung" kein Ohnmachtsgefühl verbunden wird. Es liegt an der Politik, an den Unternehmen, aber auch an jedem Einzelnen, diese neue Form des internationalen Zusammenlebens positiv umzugestalten.

Das Autorenteam

Wolfgang Böhm
Otmar Lahodynsky

INHALTSVERZEICHNIS

INHALTSVERZEICHNIS

1. Eine vernetzte Welt

Die Globalisierung ist eigentlich kein neues Phänomen. Sie ist so alt wie der Beginn des systematischen weltweiten Handels, der etwa mit dem 15. Jahrhundert angesetzt wird. Seefahrer und Händler brachten damals eine Vernetzung der Welt in Gang. Die Globalisierung hat sich stets in Schüben entwickelt, die mit dem technischen Fortschritt einhergingen. Sie lässt unsere Welt zusammenwachsen und schafft neue Abhängigkeiten, aber auch neue Chancen für jeden Einzelnen von uns.

Computer

Seit den 1970er-Jahren erleben wir durch die verbesserten Verkehrsverbindungen sowie durch Computer und Internet einen neuen Schub der Globalisierung mit all ihren positiven und negativen Auswirkungen. Heute ist es leichter und vor allem billiger denn je, zu reisen und mit Menschen in fernen Ländern zu kommunizieren.

Dieses Zusammenrücken der Welt verstärkt auch den Außenhandel. Ebenso haben SchülerInnen und StudentInnen die Chance, neue Informationsangebote zu nutzen und über Austauschprogramme schon frühzeitig internationale Erfahrungen zu sammeln. Aber dieser ständige und intensive Austausch von Informationen macht vermehrt auch Probleme und soziale Unterschiede zwischen den Ländern deutlich, in einigen Fällen verstärkt er diese sogar. Alles ist transparent geworden: Blitzschnell weiß die Welt von neuen kriegerischen Auseinandersetzungen oder von Menschenrechtsverstößen. Sie weiß auch, wo es die günstigsten Waren, die niedrigsten Steuern oder die bescheidensten Löhne gibt. Und es ist nicht nur für ehrliche Menschen einfacher geworden, sich rasch und günstig zu bewegen – auch TerroristInnen, MenschenhändlerInnen und BetrügerInnen nutzen die Globalisierungsdynamik für ihre Zwecke. Auch Krankheiten, die bisher auf einzelne Regionen der Erde konzentriert waren, verbreiten sich durch die gestiegene Reisetätigkeit rasch. Nicht zuletzt hat diese rasante Entwicklung manche Umweltprobleme verstärkt und verlangt einen neuen, verantwortlichen Umgang mit unseren Lebensgrundlagen.

Abb. 1: **Das Internet** – Symbol für die vernetzte Welt

1.1 Kommunikation

Das Internet hat die Welt innerhalb weniger Jahre revolutioniert und das Tempo der Kommunikation dramatisch erhöht. 1990 besaß in den Industriestaaten lediglich jede zehnte Person einen Computer, während heute knapp jede zweite mit einem PC oder Laptop ausgestattet ist. Das Internet hat mittlerweile ein 17-mal größeres Informationsvolumen als die Druckschriftensammlung der Library of Congress in den USA, der größten Bibliothek der Welt. Und täglich kommen weitere Informationen hinzu. So hat etwa Google die Bücher und Schriften der wichtigsten Universitätsbibliotheken eingescannt und in Google Scholar zur Verfügung gestellt, wodurch es nun möglich ist, ohne komplizierte Fernleihe weltweit zu forschen und Zugang zu wissenschaftlicher Literatur zu erhalten.

Zeitungen

Die Vielfalt an oft unkontrollierten Informationen birgt natürlich auch Gefahren in sich. Während etwa bei renommierten internationalen Zeitungen, Zeitschriften und Rundfunkstationen nach wie vor auf genaue Recherche Wert gelegt wird, kann im Internet jede beliebige Information erscheinen. In vielen Fällen kann nicht nachgeprüft werden, woher die Inhalte stammen. So hat sich beispielsweise mit Wikipedia ein derzeit äußerst beliebtes Nachschlagwerk entwickelt, das eine Vielzahl von Informationen bietet. Doch die Inhalte können von InternetbenützerInnen selbst gestaltet und damit auch manipuliert werden.

Mobiltelefon

Auch das Telefonieren wurde in den letzten Jahrzehnten deutlich einfacher und billiger. 1950 kostete ein dreiminütiges Gespräch von New York nach London noch umgerechnet 40 Euro. 2005 mussten für das gleiche Gespräch gerade noch 23 Cent bezahlt werden. Und während 1990 weltweit lediglich 11 Millionen Menschen ein Mobiltelefon besaßen, stieg diese Zahl 2003 auf gigantische 1,4 Milliarden an.

Abb. 2: **Die Entwicklung der Kommunikationskosten** von 1930 bis 2005 – Kosten für ein 3-minütiges Telefongespräch New York–London (Daten aus: M. Busse: HWWA Discussion Paper No. 116, BDI Außenwirtschaftsreport 04/2002, Stand 06/2006)

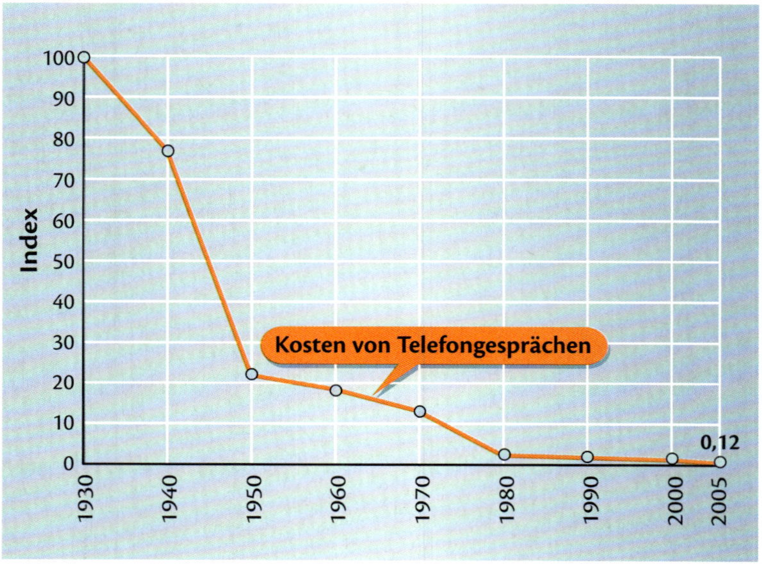

Internet

Eine Milliarde NutzerInnen
Weltweit verfügt jeder sechste Mensch über einen Internetzugang. Im Jahr 2007 zählte „Internet World Statistics" über eine Milliarde (1 093 529 692) Internet-UserInnen. In Europa hatten zu diesem Zeitpunkt 312 722 892 Personen einen Internetzugang, in Afrika lediglich 32 765 700 Personen.

Abb. 3: **Die Anzahl von Mobiltelefonen und Internetanschlüssen** je 100 EinwohnerInnen (Quelle: ITU International Telecommunication Union)

	Mobiltelefon 1994	Mobiltelefon 2006	Internet 1994	Internet 2006
Weltweit	1,0	41,0	0,03	17,4
Industrieländer	5,2	90,9	0,4	58,6

Internet-auktionen

Das Internet hat auch die internationale Wirtschaft und den Handel revolutioniert. Innerhalb von Minuten werden Geschäfte abgeschlossen, Finanzmittel verschoben und Produkte verkauft. So wie zahlreiche Privatpersonen die Internetplattform „ebay" für einen günstigen Einkauf oder Verkauf nutzen, tun dies auch viele Unternehmen: Über Ausschreibungen im Internet und über Internetauktionen werden Käufe und Verkäufe in bisher ungeahntem Tempo abgeschlossen. Der Vorgang ist relativ einfach: Unternehmen registrieren sich bei einer der sogenannten „B2B-Plattformen" (business to business) und stellen Ausschreibungen für Fertigprodukte, Produktkomponenten oder Dienstleistungen ins Netz. Ebenso führen sie Auktionen durch, bei denen sich Erzeuger von beispielsweise Rohstoffen, Textilprodukten oder Autoteilen gegenseitig unterbieten können. Der günstigste Anbieter bekommt letztlich meist den Zuschlag.

Große Modehäuser wie etwa die deutsche Handelskette „Karstadt" stellen Schnitte für ihre Textilkollektion ins Netz und erteilen über eine weltweite Auktion schließlich dem günstigsten Anbieter den Auftrag, und Autohersteller vergeben über Internetplattformen Aufträge für Fahrzeugkomponenten. Es ist meist schon irrelevant, ob das anbietende Unternehmen von Ledersitzen in China, Slowenien oder in Österreich liegt. Es muss nur die geforderte Qualität zum günstigsten Preis anbieten und die Waren rechtzeitig zum Besteller liefern.

• • • • •

Joachim E. ist bei einem deutschen Finanzunternehmen für die Beschaffung und Abwicklung von Drucksorten zuständig. Diesmal muss er 60 000 Exemplare eines Rechenschaftsberichts drucken, was rund 300 Tonnen Papier erfordert. Über die B2B-Plattform „fairpartners" stellt er dazu eine Ausschreibung ins Internet. Zuerst können sich Druckereien aus der ganzen Welt melden und ihre Lieferbedingungen und Qualitätsnormen übermitteln. Über festgelegte Bewertungskriterien werden die

Anbieter vergleichbar gemacht. Anschließend wird über eine Live-Auktion der Preis ausgehandelt. Bei dieser Auktion sind alle Anbieter online. Joachim verfolgt die Auktion, die etwa 40 Minuten dauert, auf seinem Computer mit. Nach dem Abschluss steht der günstigste Anbieter fest. Nun muss er sich entscheiden. Der erfahrene Geschäftsmann prüft sowohl den Preis als auch die Bedingungen der Lieferanten. Letztlich entscheidet sich Joachim zwar nicht für die preisgünstigste, aber doch für eine jener Druckereien, die für ihn wichtige Lieferbedingungen – Qualität und Lieferzeit – zu einem günstigen Preis angeboten hat.

Chancen

Die Vernetzung der Welt mit einer neuen Kommunikationstechnik bietet die Chance, auf einfache und billige Weise soziale und geschäftliche Kontakte zu pflegen. Per Internet kann jeder weltweit einkaufen und sich die günstigsten Angebote heraussuchen. Das Netz bildet für kleine und mittlere Unternehmen sowohl in den Industrie- als auch in den Entwicklungsländern ein Sprungbrett, wo sie ihre Produkte international anbieten und vermarkten können. Es bringt seinen NutzerInnen wichtige und rasche Informationen – nicht nur für das tägliche Leben, sondern auch für die demokratische Kontrolle, indem es z. B. bei der Abwicklung von Amtswegen und Bankgeschäften hilft. Günstige Telefontarife und die weltweite Vernetzung durch das Internet haben sich in den meisten Ländern positiv auf das Wirtschaftswachstum ausgewirkt und viele neue Arbeitsplätze geschaffen.

Risiken

Nicht jeder hat Zugang zum Internet. Während in Europa bereits rund 40 Prozent online sind, sind es in Afrika lediglich 3,5 Prozent der Bevölkerung. ExpertInnen sprechen vom Zeitalter der „digitalen Spaltung" der Welt. Aber auch in Europa sind Menschen ausgeschlossen; es sind vor allem die Älteren und Ärmeren, denen dadurch ein wichtiger Zugang zu Informationen versperrt bleibt. Gleichzeitig sind viele im Netz veröffentlichte Informationen manipulierbar. Seit der Vernetzung der Computer bewegen sich nicht nur Millionen an E-Mails, sondern auch Unmengen an Kapital in atemberaubender Geschwindigkeit rund um die Welt. Das bringt zwar viele Vorteile, aber auch Probleme mit sich, nämlich dort, wo SpekulantInnen Unternehmen oder sogar ganze Volkswirtschaften durch das Abziehen des Kapitals innerhalb weniger Stunden ruinieren können. Die Abwicklung von Internetgeschäften nimmt allzu oft lediglich auf den günstigsten Preis, nicht aber auf die sozialen Bedingungen im Produktionsland Rücksicht.

1.2 Reise & Transport

Reisen

Ein Wochenende in Berlin oder Paris, drei Tage New York: Reisen ist – ähnlich wie die Tele-kommunikation – in den letzten beiden Jahrzehnten deutlich günstiger und schneller geworden. Wies die „World Tourism Organization" im Jahr 1990 insgesamt 439 Millionen touristische Einzelreisen aus, so hat sich diese Zahl innerhalb von nur 15 Jahren auf 864 Millionen fast verdoppelt.

Reisegeschwindigkeit

Zu Beginn des 19. Jahrhunderts dauerte eine Reise von Paris nach St. Petersburg mit der Postkutsche noch 20 Tage, zu Beginn des 20. Jahrhunderts konnte dieselbe Strecke mit dem Zug in 30 Stunden zurückgelegt werden. Heute braucht ein Reisender mit dem Flugzeug dafür nur noch zwei Stunden und fünf Minuten.

Individualverkehr

Vor allem der Individualverkehr – also die Möglichkeit, sich mit dem eigenen Auto fortzubewegen – hat stark zugenommen. Kamen 1995 auf 1 000 EinwohnerInnen der EU noch 394 Autos, so waren es 2004 schon 463, was bedeutet, dass fast jede zweite Person in der EU über ein eigenes Fahrzeug verfügt. Gleichzeitig vergrößert sich auch das Autobahnnetz ständig: Allein in Deutschland werden laut dem Statistischen Amt der EU (Eurostat) pro Jahr durchschnittlich 100 Kilometer neue Autobahnstrecken errichtet.

Abb. 4: **Die Entwicklung des Tourismus** 1950 bis 2005 – Ankünfte weltweit in Milliarden (Quelle: World Tourism Organization (UNWTO): Tourism Highlights 2007)

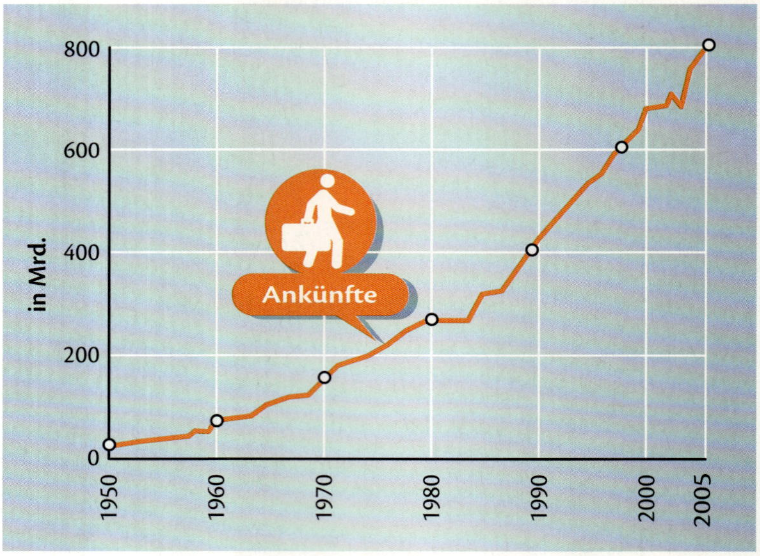

Tourismus

Durch die erleichterten Reisemöglichkeiten wird der Tourismus stark gefördert. Von der Tourismusbranche, die mittlerweile zu den größten Wirtschaftszweigen der Welt zählt, profitieren nicht nur reichere, sondern auch ärmere Länder. Allerdings sind die Einnahmen noch äußerst ungleich verteilt: 50 Prozent der Tourismuseinnahmen gehen in nur sieben Länder (USA, Großbritannien, Frankreich, Italien, Spanien, Deutschland und Österreich), die Entwicklungsländer müssen sich hingegen mit fünf Prozent der Einnahmen begnügen.

Susanna B. weiß die neuen Reisemöglichkeiten zu schätzen. Sie arbeitet als Korrespondentin einer österreichischen Zeitung in Brüssel, ihr Lebenspartner lebt in London, ihre Eltern in Mailand und ihre Schwester in Barcelona. Fast jedes Wochenende sieht Susanna ihren Partner, wobei entweder er von London nach Brüssel oder sie von Brüssel nach London fährt. Seit es den Eurotunnel zwischen Frankreich und England gibt, ist die Reise auf die britische Insel bequem und flott geworden: Mit dem Schnellzug „Eurostar" benötigt sie von Brüssel nach London nur zweieinhalb Stunden. Selbst die regelmäßigen Unwetter am Ärmelkanal lassen die Reisenden in dem bis zu 300 km/h schnellen Zug kalt, weil die Strecke unterirdisch verläuft. Für diejenigen, die ihr Ticket früh genug buchen, ist die Zugfahrt von Brüssel nach London auch preislich attraktiv. Nach Mailand und Barcelona fliegt Susanna regelmäßig mit einer der Billigairlines, für die sie die Tickets im Internet bestellt.

Der Ausbau der Verkehrsnetze fördert auch den internationalen Handel. Waren können mittlerweile nicht nur rascher und einfacher in unterschiedliche Regionen der Erde gebracht werden, sondern der Transport ist sogar deutlich günstiger geworden.

Abb. 5: **Die Entwicklung der Transportkosten** 1930 bis 2000 – Seefracht (inkl. Hafengebühren pro Tonne) und Lufttransport (durchschnittlicher Umsatz pro Passagier und Meile) (Daten aus: M. Busse: HWWA Discussion Paper No. 116, BDI Außenwirtschaftsreport 04/2002)

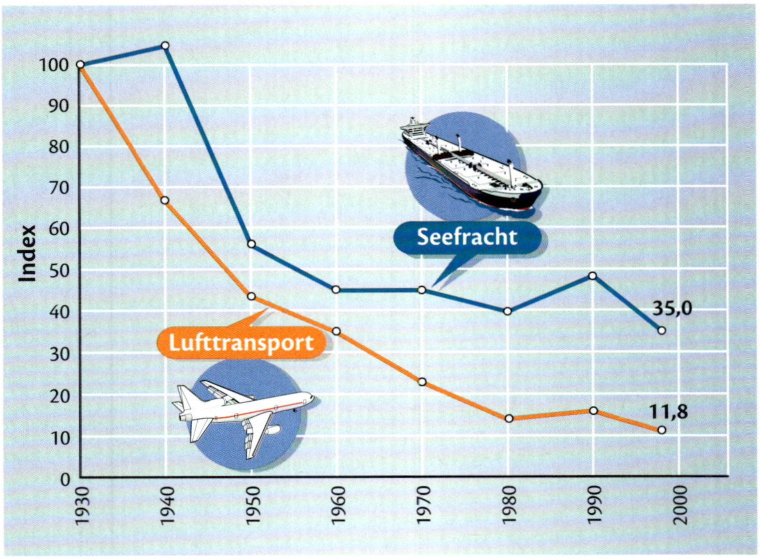

Transportkosten

Die Kosten des Verkehrs sind freilich vom Preis der Fahrzeugherstellung und vom Energieverbrauch der Verkehrsmittel abhängig. Am stärksten hängen die Transportkosten vom Rohölpreis ab, denn alle derzeit relevanten Verkehrsmittel – ob Flugzeug, Schiff oder Auto – benötigen Treibstoff. Der Preis für Rohöl erlebte in den vergangenen 50 Jahren erhebliche Schwankungen, was nicht nur den privaten Pkw-Fahrer, sondern auch internationale Transportfirmen betraf. Im Nachhinein wird deutlich, dass in Jahren mit niedrigen Rohölpreisen die Globalisierung jeweils einen zusätzlichen Schub erfahren hat. Denn in diesen Phasen wurde es attraktiver, über weite Entfernungen hinweg Kontakte zu pflegen und Waren auszutauschen.

Abb. 6: **Containerschiffe** ermöglichen günstige Massentransporte

Schifffahrt

Da die Schifffahrt verhältnismäßig am wenigsten Energie benötigt und auch für Massentransporte am besten geeignet ist, wurde sie zum wichtigsten Verkehrsmittel der Globalisierung. Zwischen 1970 und 2004 hat sich die transportierte Seefracht verdreifacht. Die meisten Waren zwischen Europa und Asien werden mittlerweile in Containern verschifft – die größten Schiffe können über 9 000 Container laden. Das Geschäft der Reedereien boomt, weil sie im Vergleich zur Straßen- oder Luftfahrt die geringsten Frachtkosten anbieten können. Der Transport eines Containers mit 20 Tonnen Fracht zwischen Hamburg und Shanghai kostet gerade so viel wie ein Flugticket für eine Person auf derselben Strecke.

Chancen

Die Erleichterungen im Reiseverkehr eröffnen uns neue Freiheiten. Es ist heutzutage viel einfacher, andere Kulturen kennen und verstehen zu lernen, und es bietet sich die Möglichkeit, soziale Kontakte weltweit zu pflegen. Durch die sinkenden Kosten wird auch breiten Bevölkerungsschichten die Möglichkeit geboten, mit dem Flugzeug in ferne Länder zu reisen. Gleichzeitig wird es einfacher, Waren weltweit anzubieten. Der Ausbau der Verkehrswege ermöglicht eine neue Arbeitsteilung, die den wirtschaftlichen Fähigkeiten der einzelnen Länder entgegenkommt, denn Produkte bestehen längst aus Komponenten, die in den verschiedensten Ländern hergestellt und dann an einem Ort zusammengebaut werden.

Risiken

Da die Verkehrsmittel allzu sehr von einem einzigen Rohstoff – nämlich Erdöl – abhängig sind, werden sie zum Spielball politischer Auseinandersetzungen. Der rasante Ausbau der Verkehrsnetze hat auch schwerwiegende ökologische Folgen, denn Straßen und Autobahnen sind nicht nur notwendige Zubringer für Wirtschaft und Tourismus, sondern zerstören auch Landschaften. Das wachsende Verkehrsaufkommen lässt die Belastungen durch Lärm und Abgase steigen. So stammt ein Fünftel aller Treibhausgase aus dem Straßenverkehr. Zwischen 1990 und 2003 ist der Verkehr in der Europäischen Union um mehr als 20 Prozent gestiegen. Der Flugverkehr nahm in diesem Zeitraum laut der Europäischen Umweltagentur (EUA) sogar um 96 Prozent zu. Schließlich beeinträchtigt der wachsende Tourismus auch bestehende Naturräume und Ökosysteme, z. B. werden in trockenen Regionen die Wasserressourcen knapp.

1.3 Wanderung & Mobilität

Die rascheren und günstigeren Reisemöglichkeiten haben die Menschen weltweit mobiler gemacht. Es ist nicht nur möglich, für kurze Zeit eine Stadt in einem anderen Teil der Welt zu besuchen, sondern es wird auch einfacher, sich für einen längeren Zeitraum einen neuen Lebensmittelpunkt zu suchen. Viele Menschen nutzen diese Chance und studieren in einem anderen Land oder sammeln international berufliche Erfahrungen. Sie entscheiden sich, dort zu leben, wo es für sie am attraktivsten ist, wo sie sich wohlfühlen und sich verwirklichen können. Natürlich gibt es auch Menschen, die illegal in ein Land kommen oder in einem Land bleiben, in dem sie größere wirtschaftliche Chancen vermuten. Schließlich hilft die erleichterte Wanderung auch Flüchtlingen, die in ihrem Land verfolgt werden oder vor einem Krieg fliehen.

Abb. 7: **Die Entwicklung der Wanderung** – Anzahl der Menschen, die außerhalb ihrer Heimat leben (Quelle: International Organization for Migration IOM: Welt-Migrationsbericht 2003. *Prognose)

Jahr	1965	1975	1985	2000	2050*
In Millionen	75	84	105	175	230

Migration

In der Relation ist die internationale Wanderung gar nicht so besonders groß, schließlich leben lediglich drei Prozent der Weltbevölkerung außerhalb ihrer eigentlichen Heimat. Die Zahl der illegalen Zuwanderer beträgt nach Schätzungen der International Organization for Migration (IOM) 30 bis 40 Millionen, das entspricht 15 bis 20 Prozent aller MigrantInnen.

Erasmus

Austausch-programm

Jede und jeder europäische Studierende kann relativ einfach ausprobieren, ob sie oder er für ein mobiles Leben geeignet ist, und dabei auch gleich wertvolle Erfahrungen an einer ausländischen Universität sammeln. Mit dem Austauschprogramm „Erasmus" können junge EU-BürgerInnen vorübergehend in einem anderen europäischen Land studieren. Sie erhalten nicht nur freien Zugang zu einer Gast-Uni, sondern auch einen monatlichen Beitrag für ihre Lebenskosten im Ausland. Rund 300 000 Studierende nutzen jährlich dieses von der Europäischen Union finanzierte Programm.

Mobilität

Statt von „Wanderung" oder „Migration" wird in Zeiten der Globalisierung oft von „Mobilität" gesprochen. Dieser positivere Zugang soll bewusst machen, dass jede örtliche Veränderung auch Chancen in sich birgt. Wer sehr spezielle Fachkenntnisse erworben hat, wird möglicherweise in seiner Heimatregion keinen Arbeitsplatz finden, der seinen Fähigkeiten entspricht. Eine junge Dolmetscherin, die beispielsweise im Osten der Slowakei wohnt und fließend Russisch, Englisch, Ungarisch und Ukrainisch beherrscht, wird in ihrer Heimatgemeinde wohl kaum ähnliche berufliche Chancen vorfinden wie etwa bei einer internationalen Organisation in Paris, Brüssel oder London.
Um die Mobilität zu erleichtern, wurden in der Europäischen Union zahlreiche Initiativen gestartet. So ist es heute z. B. nicht mehr nötig, sich innerhalb der EU eine Arbeitserlaubnis zu beschaffen, sondern EU-BürgerInnen (nach einer Übergangszeit auch jene der neuen Mitgliedsstaaten) können europaweit eine Arbeit aufnehmen. Auch der Zugang zur jeweiligen nationalen Gesundheitsversorgung wurde erleichtert. Mit der Europäischen Krankenversicherungskarte kann ohne zusätzliche Formalitäten in allen Mitgliedsstaaten eine Ärztin oder ein Arzt aufgesucht werden. Trotz dieser Erleichterungen nutzen nur wenige EU-BürgerInnen diese Möglichkeiten. Lediglich zwei Prozent leben laut einer EU-Studie aus dem Jahr 2005 für längere Zeit außerhalb ihres Heimatlandes.

Neue Wanderungsformen

„Pendeln"

Mit der Globalisierung haben sich neue Formen der Wanderung etabliert. Die bisherige Form der Ein- und Auswanderung wird zunehmend durch variable Phänomene ersetzt. So hat sich eine neue „Pendelwanderung" oder „zirkuläre Migration" entwickelt, was bedeutet, dass Menschen für eine vorübergehende Tätigkeit regelmäßig zwischen ihrem Heimatort und dem Arbeitsplatz, der in einem anderen Land liegt, hin und her reisen.

Die Annahme, dass heute die meisten Menschen, die in einem anderen Land ein neues Zuhause suchen, aus ärmlichen, ungebildeten Verhältnissen kommen, ist falsch. Die überwiegende Mehrheit stammt aus eher gebildeten, finanziell ausreichend ausgestatteten Familien. Diese Menschen sind auf der Suche nach neuen Chancen und Entfaltungsmöglichkeiten, die sie in ihrem eigenen Land nicht zu finden glauben. Für viele von ihnen wird die Wanderung dadurch erleichtert, dass sich bereits ein Teil ihrer Familie im Zielland befindet.

Paul G. ist ein typischer Weltmensch. Der Ire lebte bereits in sechs verschiedenen Ländern. Schon sein Vater war für eine britische Reifen- und Sportartikelfirma international tätig. So kam Paul in Kalkutta in Indien auf die Welt, dann ging es nach Großbritannien und danach nach Österreich, wo er die Volkschule besuchte. In Liverpool und in der Nähe von München verbrachte er seine Jugend. Nach dem Studium wechselte er nach Lindau, Dresden, München, London und Sydney. Paul, der mit der Chinesin Shen verheiratet ist, hat FreundInnen auf der ganzen Welt. Seine Familie lebt zu einem Teil in München und zu einem anderen Teil im Süden von Irland. Über die Kommunikationsplattform „skype" meldet er sich regelmäßig bei Bekannten und Verwandten. „Es ist wieder Zeit für einen Wechsel", sagte Paul, als er nach sechs Jahren im australischen Sydney wieder einmal seine Zelte abbrach. Nun arbeitet der ausgebildete Volkswirtschaftler für eine deutsch-italienische Bank in Singapur, wo er die Finanzierung von Großprojekten abwickelt.

Wanderungsbewegungen

Natürlich sind es nicht nur gut ausgebildete und wohlhabende Menschen, die heute die Mobilität nutzen. Der Reichtum in Europa und den USA zieht auch viele Menschen aus wirtschaftlich schwachen Regionen Nordafrikas oder Südamerikas an. Hunderttausende AfrikanerInnen versuchten seit dem Jahr 2000, von Nordafrika auf das europäische Festland zu kommen. Mit wenig seetauglichen Booten wollten sie zumindest auf die Kanarischen Inseln, nach Malta oder Süditalien gelangen. Viele von ihnen bezahlten diese gefährliche Überfahrt mit dem Leben.

Abb. 8: **Boatpeople** auf der Flucht

Darüber hinaus tragen politische Umbrüche zu verstärkten Wanderungsbewegungen bei. So hat etwa der Zerfall der Sowjetunion in 15 unabhängige Staaten zu einer deutlich verstärkten Welle von Aus- und Zuwanderung allein auf dem Gebiet der ehemaligen UdSSR geführt. Auch Bürgerkriege – wie etwa im Sudan – haben Wanderungsströme verstärkt.

Politische Flüchtlinge

Das sind Menschen, die vor der Verfolgung in ihrer Heimat fliehen. Das internationale Völkerrecht – die Genfer Flüchtlingskonvention – gesteht ihnen in den Unterzeichnerstaaten ein Bleiberecht zu. Laut dem Flüchtlingshochkommissariat der Vereinten Nationen waren 2006 insgesamt rund 20,8 Millionen Menschen weltweit auf der Flucht, was etwa zehn Prozent der gesamten globalen Wanderungsbewegung entspricht.

Einwanderungsländer

Ein Nebeneffekt der wachsenden Wanderungsbewegungen sind soziale Spannungen in den Zielländern, die sich häufig in Form von Fremdenfeindlichkeit äußern. Neben Ängsten und Vorurteilen sind dafür auch reale Probleme wie etwa Sprachschwierigkeiten in den Schulen verantwortlich. Viele Länder – darunter zahlreiche europäische – haben die Einwanderungsregeln verschärft. Dennoch bleiben die EU und Nordamerika die beliebtesten Einwanderungsregionen. In Europa ist die Zahl der ImmigrantInnen laut International Organization for Migration von 19 Millionen im Jahr 1970 auf 33 Millionen im Jahr 2000 gestiegen. Dabei ist freilich zu beachten, dass es im Gegenzug auch immer mehr Menschen in Europa gibt, die selbst die Möglichkeiten der Mobilität nutzen und ihr Land verlassen. So wanderten zwischen 1999 und 2003 zwar insgesamt 840 000 Personen etwa nach Deutschland ein, im gleichen Zeitraum verließen aber auch 640 000 Personen das Land.

Abb. 9: **Ströme der Armuts- und Wirtschaftsflüchtlinge** (nach: „Atlas der Globalisierung", Le Monde diplomatique 2006)

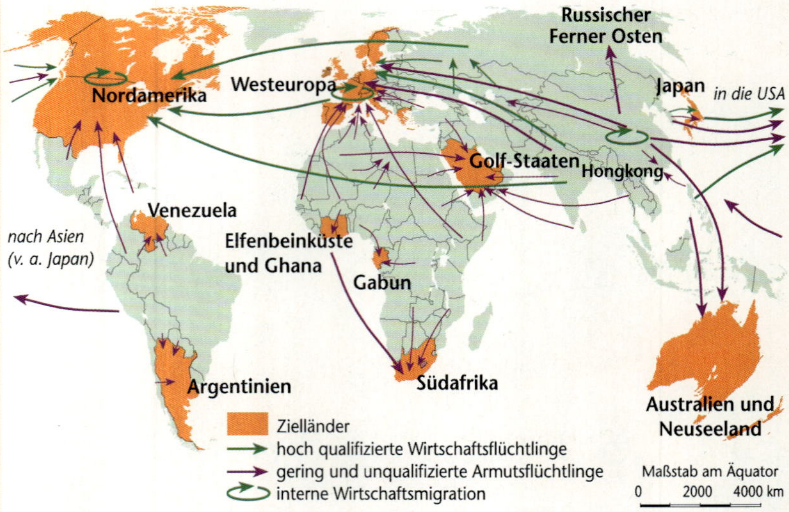

Chancen

Die neue Form von Mobilität bietet vor allem Menschen mit guten Sprach- und Fachkenntnissen große Chancen, denn sie können ihre Fähigkeiten dort unter Beweis stellen, wo sie die besten Bedingungen vorfinden. Für junge Menschen bietet sich die Möglichkeit, in anderen Ländern zu studieren oder praktische Berufserfahrungen zu sammeln. Auch den Menschen aus Entwicklungsländern stehen heute zumindest begrenzte legale Möglichkeiten offen, zum Beispiel als Saisoniers, Erntehelfer oder aber auch als Computerfachleute in wohlhabenden Regionen zu arbeiten. Die Mobilität von Arbeitskräften hat letztlich auch zu einem wirtschaftlichen Ausgleich zwischen armen und reichen Ländern geführt. So übersteigen etwa die Überweisungen von afrikanischen Arbeitskräften, die einen Teil ihres Verdienstes in Europa in ihre Heimat transferieren, die Entwicklungshilfe aller europäischen Staaten um ein Vielfaches. Die Weltbank schätzt, dass pro Jahr rund 60 Milliarden Euro von ausländischen ArbeitnehmerInnen in ihre jeweilige Heimat überwiesen werden.

Risiken

Neue Verkehrswege und erleichterte Mobilität lassen auch die illegale Einwanderung zunehmen. Grenzen können nicht völlig dicht gemacht werden und es ist oft schwer zu entscheiden, ob die Einreisenden hier nur einen Urlaub verbringen oder für immer bleiben möchten. Und weil illegale Einwanderer meist über keine Krankenversicherung verfügen und auch für eine vorübergehende Arbeitslosigkeit keine Absicherung haben, sind sie einer ständigen Gesundheits- und Armutsgefährdung ausgesetzt. Die erleichterte Mobilität birgt für die Entwicklungsländer auch die Gefahr, dass sie ihre am besten ausgebildeten Menschen verlieren – ein Phänomen, das „Braindrain“ genannt wird. Bis 2050 werden nach einer UNO-Prognose etwa 97 Millionen Menschen in die Industrieländer einwandern. Diese gewaltige Wanderungsbewegung droht letztlich auch soziale Spannungen in den Zielländern auszulösen. Vielfach besteht in den Industrieländern die Angst, dass die MigrantInnen aus ärmeren Ländern das Lohnniveau sinken lassen könnten.

1.4 Wirtschaftliche Vernetzung

„just in time“

Ein Faktor, der das Zusammenwachsen der Welt besonders deutlich macht, ist der internationale Handel. Im Vergleich zu 1948 werden heute weltweit um das 30-fache mehr Waren gehandelt. Internet, günstigere Telekommunikation und der Ausbau der Verkehrswege haben seit den 1990er-Jahren zu einem wahren Boom an wirtschaftlicher Vernetzung geführt. Dies hat auch die Herstellung von Waren gänzlich verändert. Haben ursprünglich viele Unternehmen einen Großteil der Einzelteile ihrer Produkte selbst hergestellt, werden heute viele Waren aus Komponenten zusammengebaut, die aus den unterschiedlichsten Produktionsstätten und Ländern stammen. Ob nun das Endprodukt ein Fahrrad oder ein Kühlschrank ist – viele seiner

Komponenten werden nicht einmal mehr in der Nähe der Endfertigung gelagert, sondern „just in time" angeliefert. Das heißt, Zulieferfirmen transportieren ihre Produktteile erst termingerecht – also wenn sie gerade gebraucht werden – zur Fertigung an. Das erspart teure Lagerkosten. Wenn allerdings Komponenten aufgrund von Streiks oder Verkehrsstaus ausbleiben, kann die gesamte Produktion zum Stillstand kommen. Kritiker geben angesichts des wachsenden Schwerverkehrs zu bedenken, dass eigentlich die Lagerhallen auf die Straßen versetzt wurden.

Abb. 10: **Die Entwicklung des Warenhandels seit 1950** – Exporte und Produktion nach Volumen, Jahr 2000 = Index 100 (Daten aus: WTO-Bericht „International Trade Statistics 2007")

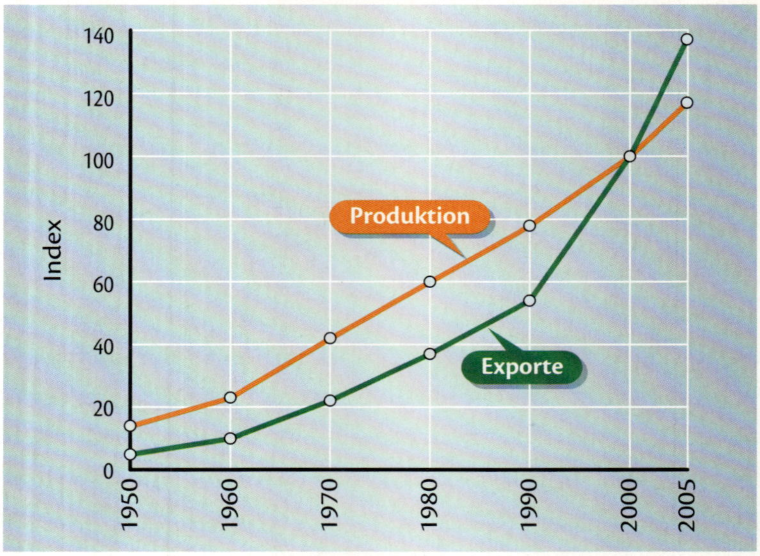

Außenhandel

Angesichts der zunehmenden Globalisierung ist der Außenhandel – also Geschäfte über Grenzen hinweg – zu einem der wichtigsten ökonomischen Faktoren geworden. Der Anteil des grenzüberschreitenden Handels an der Gesamtwirtschaft ist laut der Welthandelsorganisation WTO weltweit von 28 Prozent im Jahr 1970 auf 44,5 Prozent im Jahr 2004 gestiegen. Allein im Jahr 2005 wurden laut WTO weltweit Waren im Wert von insgesamt 8,1 Billionen Euro gehandelt.

Abb. 11: **Anteil an weltweiten Warenexporten** (Daten aus: WTO-Bericht „International Trade Statistics 2007")

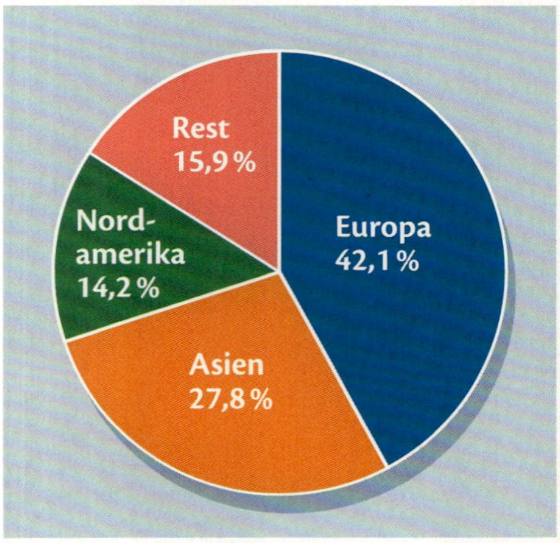

Betrachtet man den Außenhandel als einen der wichtigsten globalen Wirtschaftsfaktoren, so wird deutlich, dass Länder und Regionen sehr unterschiedlich von ihm profitieren. Europa ist der Kontinent, der weitaus am stärksten die Vorteile des internationalen Handels nutzt. Afrika zieht kaum Gewinne aus Exporten, es hat am weltweiten Handel lediglich einen winzigen Anteil von 2,6 Prozent.
Der meiste Handel findet freilich innerhalb der Wirtschaftsblöcke Nordamerika und EU statt. So werden zwei Drittel der Waren, die in der Europäischen Union hergestellt werden, auch innerhalb der EU gehandelt und verkauft.

Krimineller Handel

Der boomende weltweite Handel hat auch seine negativen Seiten – es sind nicht nur saubere Waren des täglichen Lebens, Rohstoffe und Komponenten für Produktionsfirmen, die verstärkt über Grenzen transportiert werden, sondern beispielsweise auch Drogen. Der weltweite Drogenhandel wirft nach Expertenschätzungen rund 300 Milliarden Euro pro Jahr ab, das entspricht der Wirtschaftsleistung von Ländern wie etwa Spanien. Hunderttausende Menschen sterben jährlich an den Auswirkungen dieses unverantwortlichen Geschäfts.

Dienstleistungsexporte

Waren es in der Vergangenheit vor allem Waren und Rohstoffe, die grenzüberschreitend gehandelt wurden, so sind es heute zunehmend auch Dienstleistungen. Innerhalb von nur zwanzig Jahren haben sich die Dienstleistungsexporte weltweit vervierfacht (UNCTAD Handbook of Statistics). Ob Online-Beratung, Finanzmanagement oder Werbung – für all diese Dienste gibt es angesichts der neuen Kommunikationsnetze keine Notwendigkeit mehr, sie im engen regionalen Umfeld zu erbringen.

Abb. 12: **Vergleich zwischen Export von Dienstleistungen und Waren** anhand ausgewählter Länder 2004 (Daten aus: WTO-Bericht „World Trade Statistics 2005“)

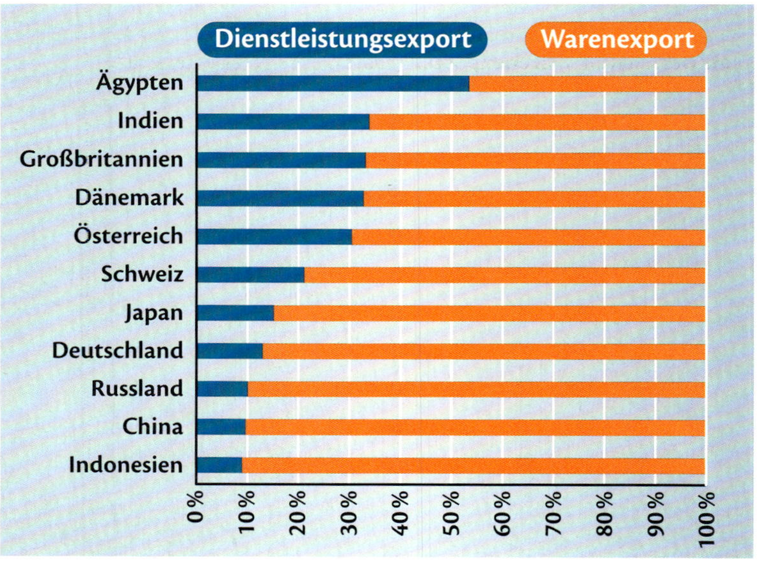

Es ist gerade der Dienstleistungssektor, der auch kleineren Unternehmen die Chance bietet, sich international zu etablieren. ArchitektInnen aus Wien, die neue Gebäudekomplexe in den USA oder Russland entwerfen, sind zum Beispiel längst keine Seltenheit mehr. Diese Entwicklung hat allerdings vor allem für einige etablierte Firmen in wohlhabenden Ländern auch Nachteile, denn sie und ihre MitarbeiterInnen sind mit einem Schlag mit Billiganbietern konfrontiert, die vor allem einfache Dienstleistungen wie etwa jene von Callcentern durch geringere Löhne und Sozialleistungen viel günstiger anbieten können.

Der deutsche Politikwissenschaftler Jörg J. aus Frankfurt an der Oder unterrichtete für ein Gastsemester an der University of Texas in Austin (USA). Er holte am Flughafen einen Mietwagen bei der Agentur „Alamo“ ab, den er schon daheim in Deutschland über eine deutsche Agentur im Internet bestellt und bezahlt hatte. Als er den Wagen etwas länger als geplant behalten wollte, rief er bei der auf dem Verleihschein angegebenen gebührenfreien Nummer 888 826 6893 an. Nachdem er von einer automatisierten Stimme zur Eingabe seiner persönlichen Daten aufgerufen wurde, meldete sich endlich eine echte Person am anderen Ende der Leitung. Der Akzent verriet die Dame sofort als Inderin. Sie arbeitet in einem Callcenter in Bombay, wohin die Mietwagenagentur den Kundenservice kostensparend ausgelagert hat. Die Angestellten dort arbeiten bis zu zehn Stunden am Tag für ein Fünftel des Gehalts, das Angestellte in den USA erhalten würden. Da fallen auch die höheren Telefongebühren nicht ins Gewicht. Nachdem Jörg neuerlich all seine persönlichen Daten durchgegeben und abermals buchstabiert hatte, dauerte es noch weitere fünf Minuten, bis die Dame am anderen Ende der Welt ein Angebot für eine Verlängerungswoche machte. „Es war uninteressant. Doppelt so teuer wie die von Deutschland aus gebuchte erste Woche“, ärgerte sich Jörg. Er organisierte sich daraufhin einen Wagen eines anderen Anbieters.

Globale Konzerne

Viele größere Unternehmen bieten heute ihre Leistungen nicht mehr allein von ihrem Ursprungsland aus an, sondern haben Niederlassungen in jenen Ländern eröffnet, in denen sie für sich wirtschaftliche Chancen erwarten. So entstanden weltweit agierende Konzerne. Zu Beginn des 21. Jahrhunderts zählte die Organisation für Wirtschaft und Entwicklung der Vereinten Nationen (UNCTAD) 63 000 international operierende Konzerne mit weltweit 800 000 Niederlassungen. Mittlerweile dürfte die Zahl der globalen Konzerne auf über 70 000 angestiegen sein. Durch die weltweite Vernetzung ist es für Großbetriebe attraktiv geworden, in Ländern mit unterschiedlichstem Entwicklungsstand Niederlassungen zu gründen. Meist werden Länder ausgewählt, in denen eine Chance auf ein Wirtschaftswachstum und/oder Absatzmöglichkeiten besteht.

Abb. 13: **Die zwölf weltweit größten Arbeitgeber-Konzerne** nach Anzahl der Beschäftigten (Quelle: Fortune Global 500, 2007)

Kapitalverkehr

Mit der Vernetzung durch das Internet hat auch der Kapitalverkehr einen gewaltigen Schub erlebt. Seit den 1970er-Jahren, als die Finanzmärkte großteils geöffnet wurden, steigt Jahr für Jahr die Geldmenge, die weltweit eingesetzt (investiert) wird. Internationale Investoren überlegen freilich genau, wohin sie ihr Geld transferieren. Sie wollen einen guten Ertrag aus ihren Finanzmitteln erwirtschaften – sei es, dass ihre erworbenen Unternehmen an Wert gewinnen oder ihre Aktien als Form des Besitzes an Unternehmen steigen.

Allein zwischen 1990 und 2005 ist der weltweite Aktienhandel von 5,7 auf 51,1 Billionen US-Dollar gestiegen. Das in hoch entwickelten Ländern erwirtschaftete Kapital fließt zunehmend auch in weniger entwickelte Länder und trägt dort zum Wirtschaftswachstum bei. Während so einiges an Geld nach Asien fließt, bleibt Afrika aber nach wie vor von den internationalen Kapitalflüssen weitgehend ausgeschlossen.

Abb. 14: **Kapitalflüsse in ökonomisch sich entwickelnde Staaten** 1984 bis 2006 (Daten aus: IMF „World Economic Outlook“ 10/1998, 10/1999, 04/2006)

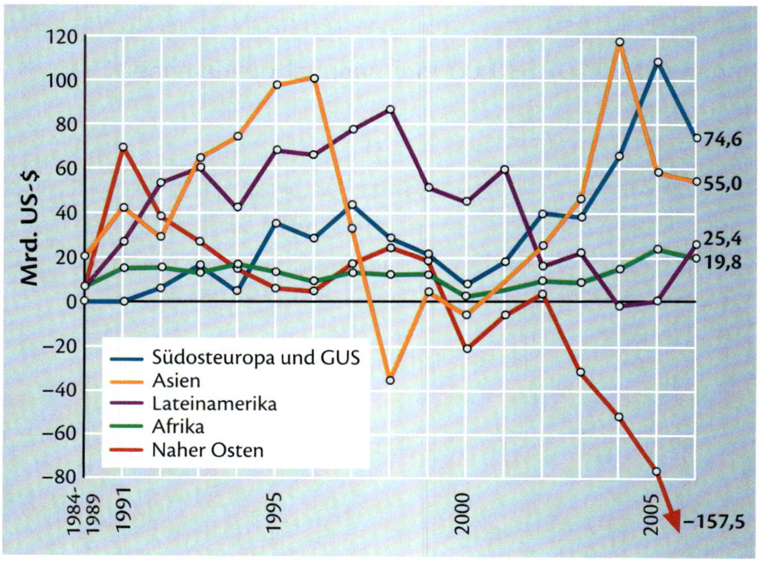

Das Verschieben von Finanzmitteln ist freilich keine Einbahnstraße. Zeichnet sich in einem Land eine schlechtere Wirtschaftsentwicklung oder gar eine Wirtschaftskrise ab, werden Gelder auch rasch wieder abgezogen. Auf mögliche Folgen für die gesamte Volkswirtschaft eines Landes wird dabei wenig Rücksicht genommen. So kann ein plötzlicher Abzug von größeren Mengen an Kapital einen Anstieg der Arbeitslosigkeit, im Extremfall sogar eine Wirtschaftskrise auslösen. Südkorea oder Argentinien zum Beispiel mussten diese schmerzhafte Erfahrung bereits machen, konnten sich aber nach einigen Jahren wieder erholen.

Direktinvestitionen

Auch darf nicht außer Acht gelassen werden, dass die meisten Direktinvestitionen auch heute noch in gut entwickelte Länder fließen. Wer bereits eine funktionierende Wirtschaft samt Infrastruktur und rechtsstaatlichem Rahmen hat und für Investoren ausreichend Sicherheiten bietet, besitzt nach wie vor die größten Chancen, von diesem Wachstumsimpuls zu profitieren.

Abb. 15: **Ausländische Direktinvestitionen** weltweit in Mrd. US-Dollar (Quelle: UNCTAD-Berichte „Global Trends“ 2006 und 2007)

1990	1995	2000	2005	2006
202	341	1396	946	1306

Chancen

Die wirtschaftliche Vernetzung ist ein wichtiger Antrieb des globalen Wirtschaftswachstums. Wenn der Handel floriert, wächst die Wirtschaft und es werden Arbeitsplätze geschaffen. Für kleinere Unternehmen, die bisher nur in ihrem engen, regionalen Umfeld Waren oder Dienstleistungen anbieten konnten, bietet die Globalisierung erstmals die Chance, sich über Grenzen hinweg zu etablieren. Die Kapitalflüsse aus reicheren in ärmere Länder ermöglichen einen wirtschaftlichen Ausgleich, der einigen Entwicklungsländern hilft. Vor allem bringt die wirtschaftliche Vernetzung eine Wahlfreiheit, wie es sie noch nie gegeben hat – eine positive Auswirkung des nun weltweiten Wettbewerbs. Jede und jeder kann sich überall seine Wirtschaftspartner suchen, kann international das beste Angebot ausfindig machen und ist längst nicht mehr an einige wenige teure Anbieter gebunden. Ob Privatpersonen oder Unternehmen, jeder kann dort Waren bestellen, wo sie am günstigsten sind oder wo es jene Qualität gibt, die gewünscht wird. Jeder Mensch, der Finanzmittel zur Verfügung hat, kann sie dort investieren, wo er es selbst für am sinnvollsten hält.

Risiken

Der internationale Wettbewerb bringt nicht nur ein besseres Preis-Leistungs-Verhältnis für Waren und Dienstleistungen, sondern bewirkt auch, dass es in den wohlhabenden Ländern einen deutlichen Druck auf Löhne und Sozialleistungen gibt. Waren werden dort gefertigt, wo sie billig hergestellt werden können – auf die Situation der ArbeitnehmerInnen wird dabei meist wenig Rücksicht genommen. Traditionelle Unternehmen, die über Jahrhunderte zum Beispiel Schuhe oder Textilien in Europa gefertigt haben, mussten den Betrieb einstellen, weil sie gegen günstigere Anbieter aus Ländern wie Bangladesch oder China keine Chancen mehr hatten. Umgekehrt konnten auch Unternehmen in ärmeren Ländern mit der Konkurrenz aus Industriestaaten nicht mithalten. Die wirtschaftliche Vernetzung stört die Versorgung mit Produkten aus der eigenen Region. Vom Wirtschaftswachstum profitieren zudem nicht alle in gleichem Maße. Ärmere Länder mit geringerer technologischer Entwicklung – wie z. B. in Afrika – stehen vor einem doppelten Dilemma: Zum einen werden sie mit billigen Produkten aus Industrieländern überschwemmt, wodurch ihre eigenen Betriebe leiden, und zum anderen erhalten sie wenig Investitionen und kaum technologisches Know-how, um in der globalisierten Welt selbst wettbewerbsfähig zu werden.

1.5 Klima & Umwelt

Klimawandel

Die Erde gibt nichts umsonst – so hat auch die von der Globalisierung angetriebene rasche wirtschaftliche Entwicklung ihren Preis. Nicht nur der gemeinsame Handel und das Internet verbinden heute die Welt, sondern auch ein globales ökologisches Problem, das etwa durch den Klimawandel, durch wachsende Müllberge oder das Leerfischen der Meere deutlich wird. Längst ist allen Nationalstaaten bewusst geworden, dass sie diese großen Umweltprobleme nicht allein lösen können, denn ökologische Probleme machen nicht vor Staatsgrenzen halt. Gleichzeitig fürchten einige Regierungen wie etwa jene von China oder Indien, dass Investitionen in den Umweltschutz das Wirtschaftswachstum ihres Landes vorübergehend behindern könnten. Diese Argumentation ist freilich kurzsichtig: Geschieht nichts, sind die Folgekosten für die meisten Länder noch erheblich höher.
Je länger die internationale Staatengemeinschaft mit Gegenmaßnahmen wartet, umso teurer wird die „Reparatur“. Laut Weltklimareport der Vereinten Nationen müssen in diesem Jahrhundert jährlich bestenfalls ein, bei Verzögerungen aber bis zu vier Prozent der gesamten Weltwirtschaftsleistung für die Sanierung von Schäden aufgebracht werden, die durch Dürre, Überschwemmungen oder andere Naturkatastrophen entstehen.

Treibhausgase

Für den Klimawandel wird vor allem der wachsende Ausstoß von Treibhausgasen – allen voran Kohlendioxid (CO_2) – verantwortlich gemacht. Treibhausgase entstehen bei Verbrennungsprozessen, im Verkehr oder auch in der Landwirtschaft durch Tierhaltung.

Abb. 16: **Der Verkehr** ist einer der Hauptverursacher der Luftverschmutzung

Fast im Gleichklang mit dem wachsenden wirtschaftlichen Erfolg sind in vielen Ländern auch die Umweltprobleme größer geworden. So blies beispielsweise das wirtschaftlich boomende Indien innerhalb von zehn Jahren (1990–2000) um 41 Prozent mehr Kohlendioxid in die Atmosphäre. Obwohl die Verantwortung für den rasanten Klimawandel vor allem bei den Industrieländern liegt, sind die Opfer dieser Entwicklung überwiegend ärmere Länder. Laut einhelliger Expertenmeinung wird nämlich der Klimawandel besonders jene Erdteile treffen, die schon heute benachteiligt sind. So dürfte er in Afrika und Teilen Asiens neue Dürrekatastrophen und Überschwemmungen auslösen.

UN-Klimareport

KlimaexpertInnen haben im 2007 veröffentlichten Klimareport der Vereinten Nationen davor gewarnt, dass sich die Erde bis 2100 um bis zu 6,4 Grad Celsius erwärmen könnte, was einen Anstieg des Meeresspiegels um 59 cm zur Folge hätte. Bei einer Erderwärmung um deutlich mehr als drei Grad würde nämlich das Eis in Grönland vollständig schmelzen. Dies hätte vor allem für Küstengebiete dramatische Folgen. Wenn nichts gegen den vom Menschen verursachten Klimawandel unternommen wird, wären 30 Prozent der Tier- und Pflanzenarten vom Aussterben und allein in Asien eine Milliarde Menschen von Wassermangel bedroht. Um den Klimawandel in einem für den Menschen erträglichen Maß zu halten, dürfte die Temperatur bis 2100 um nicht mehr als zwei Grad steigen.

Es besteht kein Zweifel daran, dass der Mensch für den Klimawandel und die globalen Umweltprobleme verantwortlich ist. In seinem Streben nach wirtschaftlichem Erfolg beutet er die Erde aus und hinterlässt irreparable Schäden. Hauptverantwortlich dafür sind jene Nationen, deren Wohlstand sich am stärksten vergrößert hat. Sie benötigen immer mehr Energie für ihre Betriebe, für ihre Fahrzeuge und Elektrogeräte, und sie verursachen auch den größten Ausstoß an klimaschädigendem Kohlendioxid (CO_2). Die USA kam 2004 laut einer UNO-Studie pro Kopf auf einen CO_2-Ausstoß von 20 Tonnen pro Jahr, die EU auf rund neun Tonnen und Indien lediglich auf 1,2 Tonnen pro Jahr.

Abb. 17: **CO_2-Ausstoß nach Staaten** (Quelle: UNSD Millenium Development Goales Indicators database, UNSD Demographic Yearbook, 2007)

	Mio. Tonnen pro Jahr	Tonnen pro Einwohner
USA	5 988	20,4
China	5 010	3,8
Russland	1 618	11,2
Indien	1 343	1,2
Japan	1 286	10,1
Deutschland	886	10,7
Großbritannien	562	9,4
Österreich	77	9,4
Schweiz	45	6,1

Neben der Energiegewinnung ist der Verkehr einer der Hauptverursacher der Treibhausgase. Ob es LKWs sind, die immer mehr Waren quer durch die Welt transportieren, oder die Mobilität und Reiselust von Privatpersonen: Mittlerweile verursacht der Verkehr rund ein Fünftel der schädlichen Gase.

Abb. 18: **CO_2-Ausstoß einzelner Verkehrsträger** in Gramm pro Personen-Kilometer 2005 (Daten aus: Bericht des Bundesumweltamtes Deutschland 2005)

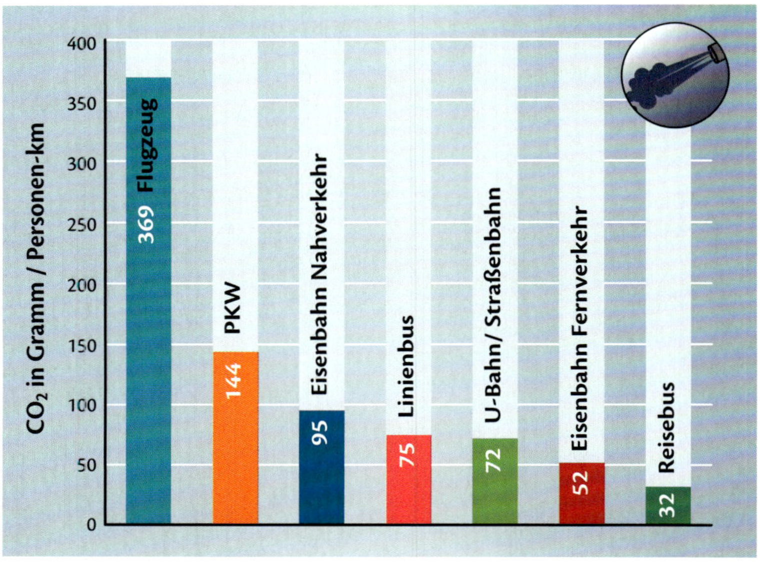

Maßnahmen zum Klimaschutz

Aber es ist noch nicht zu spät – gegen den Klimawandel kann nach wie vor etwas unternommen werden. So listen ExpertInnen im Auftrag der Vereinten Nationen genau auf, welche Maßnahmen notwendig sind, um den Temperaturanstieg auf ein erträgliches Maß zu reduzieren.

- Die Energieversorgung müsste effizienter werden. Der wachsende Energiebedarf sollte über erneuerbare Energiequellen – z. B. Wasserkraft, Erdwärme, Wind- und Sonnenenergie – gedeckt werden. Im Gegenzug könnte die Abhängigkeit von Öl und Kohle als Energiequellen reduziert werden.

- Im Verkehr könnte der CO_2-Ausstoß durch neue Technologien deutlich gesenkt werden. Hybridantriebe (aus unterschiedlichen Energiequellen), saubere Diesel- und Agrotreibstoffmotoren wären sinnvoll. Gleichzeitig sollten jene Verkehrsmittel gefördert werden, die am wenigsten umweltschädlich sind – etwa Schifffahrt und Bahn.

- Durch bessere Wärmedämmung bei Gebäuden könnte der Energieaufwand und somit auch der CO_2-Ausstoß für Heizzwecke deutlich reduziert werden.

- Unternehmen sollten Energie effizienter einsetzen und möglichst viele Materialien verwenden, die aus wiederaufbereiteten Altstoffen bestehen.

Müll

Ähnlich wie bei den Treibhausgasen ist die Lage beim Müll. Jene Länder, die wirtschaftlich am erfolgreichsten sind, produzieren auch den meisten Abfall – gleichzeitig mit der Wirtschaftsleistung wachsen also auch die Müllberge.

Abb. 19: **Mit der Wirtschaft wächst der Müll** – Müllaufkommen in den OECD-Ländern, 1980 = Index 100 (nach: „Atlas der Globalisierung", Le Monde diplomatique 2006, Daten: OECD)

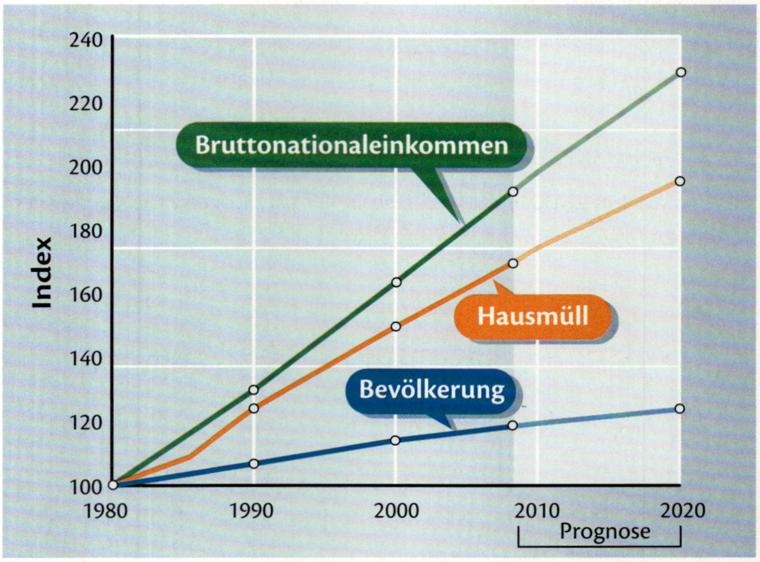

Recycling

Städte und Gemeinden werden auch in Europa mit dem wachsenden Müllaufkommen kaum noch fertig. Um dieser Entwicklung Herr zu werden, ist es notwendig, dass jeder Einzelne versucht, Müll zu vermeiden. Wo dies nicht möglich ist, muss versucht werden, einen Großteil der anfallenden Abfälle wiederaufzubereiten („Recycling").
Jährlich werden allein in der EU 1,3 Mrd. Tonnen Müll produziert, 40 Millionen davon sind gefährliche Stoffe. Geschieht nichts, wird sich der Müllberg laut EU-ExpertInnen bis zum Jahr 2020 fast verdoppeln. Die Verantwortung für die Müllproblematik liegt sowohl bei den Unternehmen als auch bei den KonsumentInnen. Die einen müssen auf die Umweltverträglichkeit der verwendeten Materialen achten und auf aufwendige Verpackungen ihrer Produkte verzichten. Die anderen müssen verantwortungsvoll Müll trennen und schon beim Einkauf auf die Minimierung von Verpackungsmaterial achten. Außerdem wandern derzeit noch viele wertvolle Rohstoffe, die ohne Weiteres wiederverwertet werden könnten, in den Müll. Von Abfällen aus Haushalten wird in der Europäischen Union derzeit nur rund ein Drittel wiederverwertet. Der Rest wird verbrannt oder deponiert und trägt somit zur Schädigung der Umwelt bei.

Elektroschrott

Die rasante technische Entwicklung führt dazu, dass vor allem elektronische Geräte oft nur kurze Zeit genutzt werden, ehe sie in den Müll wandern. Vom Computer bis zum Mobiltelefon gilt: Die Zahl der Geräte steigt, während ihre Nutzungsdauer sinkt. Das Problem liegt aber nicht nur in der Masse, sondern auch in den verwendeten Materialien (Cadmium, Blei, Quecksilber), die schwer recycelbar sind und gesundheitsgefährdende Stoffe enthalten.

Das rasante Tempo der Globalisierung hat dazu geführt, dass auch nachwachsende Ressourcen zu rasch ausgebeutet werden. Dies betrifft die Regenwälder in Südamerika ebenso wie verschiedene Fischarten in den Weltmeeren. Neue Fangmethoden ermöglichen, dass heute um ein Vielfaches mehr an Fischen gefangen wird als noch vor einigen Jahrzehnten. Zwischen 1950 und 2003 hat sich die Menge des weltweit verbrauchten Fisches laut der FAO (Food and Agriculture Organization) von 19 Millionen Tonnen auf über 132 Millionen Tonnen erhöht. Das entspricht einer Steigerung um 600 Prozent.

Fischfang

Da von einigen Arten mehr Fische gefangen als im gleichen Zeitraum geboren werden, warnen Meeresbiologen vor dem Aussterben von bisher weit verbreiteten Fischarten wie zum Beispiel dem Dorsch. Die Europäische Union musste bereits den Fang in Gewässern ihrer Mitgliedsstaaten durch strenge Quoten eindämmen. Auch viele Walarten, vor allem Großwale, sind vom Aussterben bedroht, weshalb bereits seit 1982 der Fang von Walen durch eine internationale Vereinbarung deutlich reduziert wurde. Leider halten sich nicht alle Länder an die Vereinbarung. So hat etwa Japan die Jagd auf Wale trotz internationalem Protest fortgesetzt und Forschungszwecke vorgeschoben.

Abb. 20: **Fischfang** – durch Überfischung sind einige Fischarten vom Aussterben bedroht

Aber nicht nur die technisch ausgereifte Fischerei, sondern auch die Industrialisierung und der boomende Tourismus bringen das biologische Gleichgewicht von ganzen Landstrichen und Küsten aus dem Gleichgewicht.

• • • • •

Michael S. ist Meeresbiologe. Seit vielen Jahren ist er international tätig. Er betreut ein Forschungsprojekt zum Schutz von Meeresschildkröten an der türkischen Küste, ein weiteres Projekt führt ihn immer wieder zu den Korallenriffen vor Ägypten bzw. Südjordanien. Er vertritt Österreich bei der Internationalen Walfangkommission. Michael hat unter anderem an der Universität Wien einen Lehrauftrag für Meeresverschmutzung und Meeresnutzung. Ob in London, Bologna oder Abu Dhabi, bei internationalen Kongressen ist seine Meinung stets gefragt – besonders, wenn es um die Erforschung von Auswirkungen der Industrialisierung und des Tourismus auf das biologische Gleichgewicht der Meere geht. So war er etwa stellvertretender Leiter einer großen Umweltstudie in den Ölfeldern des Persischen Golfs und wirkt daran mit, die belasteten Meeresböden im Golf von Triest zu regenerieren. 19 Jahre lang hat Michael S. in den USA gelebt. Seine Sprachkenntnisse – neben Englisch spricht er auch perfekt Französisch und Russisch – nutzt er auch für Übersetzungsarbeiten von internationalen Studien.

• • • • •

Chancen

Die globalen Umweltprobleme sind nicht nur lösbar, sie können sogar zu einem wirtschaftlichen Erfolg werden. Um etwa Energie effizienter zu nutzen, sind zwar Investitionen in die Gebäudedämmung notwendig – diese rechnen sich aber bereits nach wenigen Jahren, weil dadurch deutlich weniger Energie verbraucht wird. Neue Technologien im Umweltsektor bieten auch eine immense wirtschaftliche Chance für Betriebe, die sich auf solche Entwicklungen spezialisieren. Dabei geht es zum Beispiel um neue, sparsame Motoren, um Solaranlagen und Recycling-Methoden. Auch für Detailprobleme wie die Fischproduktion gibt es einen lukrativen Ausweg, denn der Bedarf kann durch Betriebe, die sich auf das Züchten von Fischen (sogenannte „Aquakulturen“) spezialisiert haben, kompensiert werden. Auf dem Verkehrssektor erlebt bereits heute die Schifffahrt wegen ihres relativ geringen Energieaufwands einen neuen Boom. Sobald gesichert ist, dass mit technisch aufgerüsteten Tankschiffen neue Ölkatastrophen verhindert werden können, bietet sich hier eine attraktive Alternative zum boomenden Straßentransport. Letztlich würde von einem ökologischen Umdenken auch die breite Bevölkerung durch bessere Lebensbedingungen profitieren.

Risiken

Das größte Risiko besteht darin, dass die Weltgemeinschaft – aufgrund der verantwortungslosen Ausbeutung unserer natürlichen Lebensgrundlagen – nicht auf die Warnsignale der Natur reagiert. Einigen sich die wichtigsten Industrienationen nicht auf eine strengere Klimapolitik, sind neue soziale Probleme vor allem in ärmeren Regionen der Welt vorprogrammiert. Während küstennahe Gebiete und Inseln von Überschwemmungen betroffen wären, würden in Afrika die Dürreperioden zunehmen. Längerfristig wären auch Gebiete in Europa beeinträchtigt. Ohne notwendige Reformen würde der Mensch die für seinen weiteren Wohlstand notwendigen Grundlagen (Ressourcen) zerstören. Ob es um reines Wasser, fruchtbaren Boden oder um eine gesunde Pflanzen- und Tierwelt geht: Nur wenn der Mensch verantwortungsvoll mit seiner Umwelt umgeht, kann er weiter aus ihr seine Lebensgrundlagen schöpfen.

Selbsttest und Übungsaufgaben zu Kapitel 1 „Eine vernetzte Welt“

Versuchen Sie, die folgenden Aussagen mithilfe des Buches zu überprüfen. Schreiben Sie spontan Ihre eigene Ansicht zu diesem Thema auf.

► Aussage 1:

Die Kosten für internationale Kommunikation und Transport sind in den vergangenen Jahrzehnten deutlich gestiegen.

Ist das wahr? ○ **ja** ○ **nein** ○ **sowohl als auch**

Begründung ……………………………………………………………………………

……………………………………………………………………………………………

Was sind die Konsequenzen für Sie persönlich? ……………………………………………

……………………………………………………………………………………………

Internetaufgabe

Besuchen Sie die Internetseite von Wikipedia, suchen Sie in der Lexikon-Plattform einen interessanten Begriff Ihrer Wahl – zum Beispiel eine politische Partei oder einen bekannten internationaler Konzern. Bewerten Sie, ob Sie mit den Informationen zufrieden sind, und überlegen Sie, ob Sie diesen Informationen vertrauen können.

• • • • •

► Aussage 2:

Die Preise für Verkehrsverbindungen und die Entwicklung des internationalen Handels stehen in einem engen Zusammenhang.

Ist das wahr? ○ **ja** ○ **nein** ○ **sowohl als auch**

Begründung ……………………………………………………………………………

……………………………………………………………………………………………

Was sind die Konsequenzen für Länder abseits der Hauptverkehrsrouten? ……………………

……………………………………………………………………………………………

Internetaufgabe

Besuchen Sie die Homepage einer Ihrer nationalen Fluglinien. Suchen Sie nach den möglichen Zielländern. Welche Länder sind das und warum fliegt Ihre nationale Fluglinie bestimmte Regionen nicht an? Versuchen Sie eine Antwort zu geben.

• • • • •

► Aussage 3:

Zuwanderer sind meist arm und deshalb eine Belastung für die Gesellschaft in jenem Land, in das sie eingewandert sind.

Ist das wahr? ○ **ja** ○ **nein** ○ **sowohl als auch**

Begründung ……………………………………………………………………………

……………………………………………………………………………………………

Stellen Sie sich vor, sie sind ein politischer Flüchtling, werden in ihrer Heimat verfolgt. Wohin würden Sie flüchten? ....

....

Internetaufgabe

Besuchen Sie die Homepage der International Organization for Migration (IOM) www.iom.int. Suchen Sie die neuesten Zahlen und Statistiken zu internationalen Wanderungsströmen. Welche globalen Trends können Sie daraus ablesen?

• • • • •

▶ Aussage 4:

Die meisten internationalen Direktinvestitionen fließen in die Wirtschaft der ärmsten Länder, weil dort in Zukunft das größte Wirtschaftswachstum zu erwarten ist.

Ist das wahr? ○ **ja** ○ **nein** ○ **sowohl als auch**

Begründung ....

....

Stellen Sie sich vor, sie hätten plötzlich eine Menge Geld. Wo auf der Welt würden Sie es derzeit investieren?

....

....

Internetaufgabe

Besuchen Sie die Homepage der WTO, der Welthandelsorganisation www.wto.org. Machen Sie eine aktuelle Handelsstatistik zu Ihrem eigenen Land ausfindig. Beschreiben Sie die wichtigsten Ergebnisse.

• • • • •

▶ Aussage 5:

Die reicheren Länder werden unter dem von ihnen verursachten Klimawandel künftig mehr leiden, weil sie auch die meisten Treibhausgase ausstoßen.

Ist das wahr? ○ **ja** ○ **nein** ○ **sowohl als auch**

Begründung ....

....

Was können Sie persönlich dazu beitragen, den Co_2-Ausstoß zu reduzieren?

....

....

Internetaufgabe

Besuchen Sie die Homepage des UNO-Umweltprogramms www.unep.org. Suchen Sie nach Informationen über die Auswirkungen des Klimawandels und beschreiben Sie diese.

2. Wirtschaftliche Globalisierung

Verantwortung

Die explosionsartige Entwicklung des weltweiten Handels in den letzten Jahrzehnten und die länderübergreifende Verlagerung von Produktionsstätten und Kapital haben dazu geführt, dass die wirtschaftliche Globalisierung in breiten Teilen der Bevölkerung kritisch bewertet wird. Der spürbare Wettbewerbsdruck und viele damit verbundene Unsicherheitsfaktoren haben Ängste und in weiterer Folge den Wunsch ausgelöst, die Globalisierung zu bremsen. Globalisierungskritiker wiesen auf tatsächlich vorhandene negative Auswirkungen der internationalen Wirtschaftsvernetzung hin. Inzwischen ist die Kritik differenzierter geworden. Es geht nicht mehr um ein allgemeines Eindämmen dieser Entwicklung, sondern darum, die Globalisierung in die richtigen Bahnen zu lenken und die negativen Entwicklungen zu bekämpfen. Letztlich sollte erreicht werden, dass möglichst alle Menschen von der weltweiten Vernetzung profitieren, indem der wirtschaftliche Erfolg fair verteilt wird. Damit dies gelingt, müssen PolitikerInnen, Konzern-ManagerInnen, InvestorInnen und – im kleinen Rahmen – auch jeder Einzelne mehr Verantwortung zeigen und so manche Verhaltensmuster ändern.

Abb. 21: **Verzerrte Welt:** So würde unsere Welt aussehen, wenn die Größe der Länder ihrem Wirtschaftswachstum seit 1975 entsprechen würde (Quelle: © 2006 SASI Group (University of Sheffield) and Mark Newman (University of Michigan), http://www.worldmapper.org/)

Gesamtbilanz Globalisierung

Niemand bezweifelt, dass die Globalisierung insgesamt gesehen ein wirtschaftlicher Erfolg ist. Seit 1990 wuchs die Weltwirtschaft Jahr für Jahr um über vier Prozent und Millionen neuer Arbeitsplätze wurden geschaffen. Langfristige Analysen belegen, dass viele Menschen davon profitierten: Zwischen 1820 und dem Jahr 2000 erhöhte sich das von der Inflation bereinigte Pro-Kopf-Einkommen weltweit um das Neunfache. Mitverantwortlich dafür war auch die im 19. Jahrhundert beginnende industrielle Revolution – die Umstellung auf maschinell gefertigte Massenprodukte. Die ständig wachsende Weltbevölkerung produziert heute um ein Vielfaches mehr an Gütern und Dienstleistungen als noch im 19. Jahrhundert. Sie ist produktiver und erzielt auch mehr Gewinn. Der US-Wirtschaftswissenschaftler Jeffrey D. Sachs zeigt diese gewaltige Leistung der Menschheit auf: „Kombiniert man die Zuwächse der Weltbevölkerung mit ihrer Pro-Kopf-Produktion, ergibt sich eine Steigerung der weltweiten Wirtschaftstätigkeit (Bruttoweltproduktion) um fast das Fünfzigfache in den letzten 180 Jahren."

Ungleiche Einkommensverteilung

Doch die Bevölkerung profitiert vom gewaltigen Wachstum und vom zusätzlichen Einkommen äußerst unterschiedlich. Selbst in hoch entwickelten und wohlhabenden Ländern wird der Gehaltsunterschied zwischen einigen wenigen TopverdienerInnen und der Masse der ArbeitnehmerInnen bzw. KleinunternehmerInnen größer. Noch schwerer wiegt der Wohlstandsabstand zwischen armen und reichen Ländern, der sich deutlich vergrößert hat. Der ehemalige UNO-Generalsekretär Kofi Annan brachte die Problematik der Globalisierung auf den Punkt: „Wir sollten nicht vergessen: Die größten Verlierer in unserer alles andere als gerechten Welt sind nicht jene, die der Globalisierung zu sehr ausgesetzt sind. Es sind jene, die zu wenig an ihr Anteil haben können."

Grundlagen der Weltwirtschaft

Eine gerechtere Welt wäre möglich, denn die Weltwirtschaft ist kein Nullsummenspiel, bei dem der eine nur gewinnen kann, wenn der andere verliert. Das ökonomische System würde es auch zulassen, dass alle gewinnen. Um dies zu begreifen, ist es aber notwendig, das Wirtschaftswachstum wie in einem Labor zu zerlegen. Was sind denn die Komponenten, aus denen dieses sagenhafte Wachstum entsteht? Und wie ist es möglich, dass sich unsere Wirtschaft ständig vergrößert? Um das Wirtschaftswachstum zu erklären, greifen Wirtschaftswissenschaftler auf das Modell der Insel von Robinson Crusoe zurück, weshalb man in der Wirtschaftswissenschaft auch vom Modell der „Robinson-Wirtschaft" spricht:

Robinson-Wirtschaft

Abb. 22: **Insel-Modell:** Eine Person arbeitet an ihrem eigenen Wohlstand.

Auf dieser Robinson-Crusoe-Basis baut jede Wirtschaft auf, und sie bildet auch die Grundlagen jedes Wachstums. So kann eine Wirtschaft wachsen, wenn eine der beiden ersten hier angeführten Komponenten verstärkt genutzt wird: also durch einen stärkeren Zugriff auf natürliche Ressourcen, etwa durch größere Anbauflächen für Obst, Gemüse und Getreide – oder durch mehr Arbeitskraft, die entweder durch längere Arbeitszeiten oder durch mehr Menschen im Arbeitsprozess zustande kommt. Es ist aber auch möglich, dass eine Wirtschaft allein durch die dritte Komponente – durch den Antrieb technischer Entwicklung – wächst, also über neue Produkte, die bisher komplizierte Tätigkeiten erleichtern. Ein Beispiel des Altertums ist der Pflug, der die Produktion in der Landwirtschaft erhöht hat. Andere Beispiele aus der jüngsten Zeit sind das Mobiltelefon und das Internet, die unsere Kommunikation beschleunigt und erleichtert haben.

Technologie als Motor

Der wirtschaftliche Erfolg Westeuropas, der USA und Japans in den letzten zwei Jahrhunderten geht vor allem auf technologische Entwicklungen zurück. So haben diesen Teilen der Welt etwa die Verbesserung der landwirtschaftlichen Technik, die Nutzung von Energiequellen für die maschinelle Produktion, neue Transportmittel, neue Chemikalien (z. B. Dünger) oder zuletzt die Entwicklung neuer Informations- und Kommunikationstechniken einen Vorsprung verschafft.

Spezialisierung

In einer Volkswirtschaft wie der eines Staates oder auch der gesamten Welt kommt noch ein weiterer erheblicher Faktor hinzu: der Handel. Er ermöglicht eine Spezialisierung der Tätigkeit jedes Einzelnen. Solange es keinen Handel gab, musste jeder Einzelne alle für ihn notwendigen Lebensgrundlagen selbst schaffen: Nahrung, Behausung, Kleidung etc. Das war nicht nur mühsam, sondern meist auch sehr ineffizient. Ein Bauer musste so viel Getreide und Fleisch durch eigenen Anbau und Zucht produzieren, dass es für die gesamte Familie reichte. Kleidung musste mühsam selbst erzeugt, Wasser herbeigeschafft und Holz für Hütten und Feuer selbst geschlägert werden.

Durch Handel und Arbeitsteilung ist es möglich geworden, dass sich einzelne Menschen auf weniger Tätigkeiten konzentrieren, was ihnen eine weit größere Effizienz ermöglicht. Wirtschaftstheoretiker wie Adam Smith konnten belegen, dass diese Spezialisierung nicht nur die Produktivität, sondern unser aller Wohl massiv gesteigert hat. Das ist auch logisch: Wer nur noch Häuser baut, kann dies viel effizienter tun als wenn er sich all das notwendige Wissen und die technischen Hilfsmittel für ein einziges Haus aneignen müsste. Für jemand, der im Jahr ein Paar Schuhe produziert, wird sich eine Nähmaschine kaum auszahlen; für jemand, der pro Woche 20 Paare herstellt, hingegen schon.

Marktgröße

Allerdings ist für diese Spezialisierung auch ein Markt notwendig. Gäbe es keinen Lebensmittelmarkt, auf dem jeder Mensch einkaufen kann, könnte sich niemand auf andere Tätigkeiten konzentrieren; denn nur wenn er mit Lebensmitteln versorgt ist, kann er sich darauf spezialisieren, Häuser zu bauen oder Schuhe herzustellen. Daraus folgt aber auch: je größer die Spezialisierung, desto größer muss auch der Markt sein. Ist der Markt klein wie etwa ehemals auf einem Dorfplatz, bleibt die Spezialisierung beschränkt. Hat etwa ein Schneider im kleinen Ort die Idee, Wolldecken herzustellen, wird er feststellen, dass er bald alle DorfbewohnerInnen damit beliefert hat. Er muss auch andere Produkte wie Mäntel, Hosen und vieles mehr erzeugen, um auf diesem kleinen Markt bestehen zu können. Würde er aber das ganze Land beliefern können, könnte er sich auf die Produktion von Wolldecken beschränken und diese in einer weitaus effizienteren Großproduktion herstellen.

Abb. 23: **Leiterplatten/Elektronik** – ein Beispiel für Spezialisierung im Rahmen des Weltmarktes

Weltmarkt

Umgelegt auf die Globalisierung bedeutet dies, dass der riesige Weltmarkt eine immer größere Spezialisierung jedes Einzelnen ermöglicht. Der globale Markt trägt also dazu bei, die Produktivität und den Wohlstand der daran beteiligten Menschen zu erhöhen. Plötzlich können Unternehmen sich damit begnügen, nicht mehr komplette Autos herzustellen, sondern bloß Windschutzscheiben oder Getriebe, nicht komplette Mobiltelefone, sondern lediglich Leiterplatten für die darin enthaltene Elektronik. Und es sind nicht nur Konzerne, die hier eine Chance haben, sondern auch kleine Betriebe mit wenigen MitarbeiterInnen, die ihre guten Ideen weltweit in die Tat umsetzen.

Hans S. kommt aus einer Familie, die bereits seit Generationen ein kleines Geschäft am Wiener Brunnenmarkt betreibt. Schon während seines Studiums interessierte er sich für die Veredelung von Obst und Gemüse. Hans S. befasste sich mit der Herstellung von feinsauren Gemüsekonserven, Konfitüren, Weingelees, Fruchtsirup, Kompotten und Alkoholfrüchten. Mit viel Gefühl gelangen ihm Kompositionen, die bald weit über Wien hinaus bekannt und beliebt wurden. Er setzte auf Innovationen in der Herstellung und auf ein ehrgeiziges Marketingkonzept. So gelang es ihm, seine Produkte nach Deutschland, die USA, Japan, Italien, die Schweiz und viele andere Länder zu exportieren. Das Geschäft am Wiener Brunnenmarkt, von dem dieser Welterfolg ausging, besteht noch immer.

Geld

Noch eine Komponente kommt freilich hinzu, die zum Verständnis des weltweiten Markts notwendig ist: das Geld. Eingeführt wurde es, um den Tauschhandel zu erleichtern. Geld ist eine Zwischentauschware, die den komplizierten Tausch von gleichwertigen Naturalien ersetzt. Es bringt Menschen miteinander ins Geschäft, deren Leistungen oder Produkte von ganz unterschiedlicher Größenordnung sind.

Geld kann allerdings – ähnlich wie Naturalien – auch gehortet werden: Es wird gespart oder verborgt. Längst ist auch ein eigener Handel mit dieser Zwischentauschware entstanden: Heute werden nicht nur Waren, sondern in großem Maße auch Finanzmittel international gehandelt. Geld wird gegen Zinsen und Garantien verborgt oder fließt in Form von Kapital dorthin, wo sich sein Besitzer den meisten Gewinn verspricht. Dieses Kapital ist nun ebenfalls zu einem Wachstumsfaktor geworden: Wo es investiert wird, entstehen neue Betriebe, neue Arbeitsplätze und ein weiterer kleiner Antrieb im Kreislauf des weltweiten Handels. Wo aber das Kapital abgezogen wird, sorgt dies für Probleme. Im Extremfall kann sogar ein ganzes Land dadurch in den Ruin getrieben werden.

Weniger Geld für Löhne?

Heute fließt Geld aus den reicheren Regionen – wie zum Beispiel Westeuropa – vermehrt in neue Wachstumsmärkte. Westeuropa konzentriert sich auf kapitalintensive Wirtschaftszweige und überlässt lohnintensive Branchen jenen Ländern, die wegen ihrer geringen Löhne darin wettbewerbsfähiger sind. Eine Folge davon ist, dass in Westeuropa die Lohnquote sinkt, während der Anteil des Einkommens aus Kapital am gesamten Volkseinkommen steigt. In den neuen Hoffnungsmärkten wie Osteuropa, Indien oder China bedeutet der Zufluss von Kapital hingegen steigende Wirtschaftsleistung, steigende Nachfrage und die Möglichkeit für Unternehmen, höhere Löhne als bisher zu zahlen. Während die Bevölkerung in reichen europäischen Ländern zu Beginn des neuen Jahrtausends sogar Reallohnverluste hinnehmen musste, stiegen beispielsweise in China die Löhne um teilweise fünf Prozent pro Jahr an. Und während hochwertige Konsumgüter früher in China hauptsächlich für den Export hergestellt wurden, können sich inzwischen auch immer mehr Chinesen solche Waren leisten.

2.1 Globale Herausforderung nationaler Unternehmen

Nationaler Markt

Die meisten Unternehmen konzentrierten sich lange nur auf den nationalen Markt im eigenen Staat. Für diesen erzeugten sie Produkte oder boten Dienstleistungen an und waren durch Zollschranken, Einfuhrquoten oder durch teure Währungsumrechnungen in hohem Ausmaß vor ausländischen Konkurrenten geschützt. Auch bei Ankäufen durch staatliche oder öffentliche Stellen wurden solche nationalen „Platzhirsche" bevorzugt. Der Wettbewerb war stark eingeschränkt. Oft teilten sich nationale Unternehmen sogar die Geschäfte untereinander auf – nicht selten kam es zu Preisabsprachen. Solche Praktiken haben sich bis heute erhalten: So sprachen Zementhersteller, Lifterzeuger, Chemiekonzerne oder Bierbrauer aus mehreren EU-Ländern ihre Preise und Zuliefergebiete ab und bildeten verbotene Kartelle. Die EU-Kommission in Brüssel bestraft solche Verstöße gegen den freien Wettbewerb regelmäßig mit hohen Geldbußen.

Preisabsprachen

In Europa waren es die Freihandelsverträge der Europäischen Gemeinschaft und der Europäischen Freihandelsassoziation (EFTA), die den Blick über den nationalen Markt hinaus rasch erleichtern oder sogar erzwingen sollten. Der geschützte nationale Markt hatte oft negative Konsequenzen: Firmen fühlten sich zu sicher und investierten zu wenig in neue Produkte oder neue Herstellungsverfahren, wodurch KonsumentInnen an solche lokale Monopolisten oft viel zu hohe Preise bezahlen mussten. Bei öffentlichen Beschaffungen wurden die Steuerzahler in ungerechtfertigter Höhe zur Kasse gebeten, weil lokale Anbieter bevorzugt wurden.

Handys statt Gummistiefel

Finnische Unternehmen waren über lange Zeit allein durch ihre exponierte geografische Lage weitgehend vor freiem Wettbewerb geschützt. Viele von ihnen verließen sich lange auf den Handel im eigenen Land und mit der nahen Sowjetunion. Diese kaufte den Finnen jahrzehntelang alle möglichen Waren, etwa Textilien oder Maschinen zur Holzverarbeitung, zu Fixpreisen ab. Mit dem Ende der Sowjetunion 1991 verlor Finnland plötzlich einen fixen Abnehmer von auf dem Weltmarkt längst nicht mehr konkurrenzfähigen Waren – die finnische Volkswirtschaft stürzte in eine Krise. Erst ein Modernisierungsschub und mehr Investitionen in die Forschung sorgten wieder für einen Aufschwung. Paradebeispiel ist das heutige Telekom-Unternehmen Nokia. Noch bis in die 1980er-Jahre stellte das Unternehmen Gummistiefel und Autoreifen her, ehe es auf High-Tech umsattelte. Der sich abzeichnende Mobilfunk-Boom war von den Managern frühzeitig erkannt worden. Nokia wurde zu einem globalen Anbieter und exportierte bald Mobiltelefone sowie die dazu gehörige Satellitentechnologie in alle Welt.

Abb. 24: **Satellitentechnologie** unterstützt den Mobilfunk

Konkurrenz

Der Aufschwung im internationalen Warenaustausch zwang nationale Firmen zur Änderung ihrer Strategie. Wer sich nur auf den lokalen Markt konzentrierte, wurde bald an den Rand gedrückt. Auch Firmen, die in geschützten Bereichen aktiv waren oder von öffentlichen Aufträgen lebten, bekamen es durch die Teilnahme an Freihandelszonen bald mit Konkurrenz im In- und Ausland zu tun. Wer internationale Entwicklungen verpasste, sah sich rasch von der Pleite bedroht. Paradebeispiel dafür war in den 1970er-Jahren die österreichische Technikfirma Eumig, die im Schmalfilmbereich eine europaweite Spitzenposition erobert und 1978 gerade eine wasserdichte Unterwasserkamera entwickelt hatte. Doch das Zeitalter der neuen Videotechnologie hatte die Firma verschlafen. Innerhalb von wenigen Jahren war ein einstiger Paradebetrieb pleite.

Eine zündende Idee

Die Schweizer EMS-Chemie produzierte lange Zeit Chemikalien für die Grundstoffindustrie. Doch mit der Spezialisierung auf neue Nischenprodukte war mehr Geld zu verdienen. So entwickelte die Firma kleine Zünder, die in Sekundenbruchteilen einen Airbag in Fahrzeugen zum Aufblasen bringen. Das kleine technische Wunderding wurde zum weltweiten Bestseller. Heute ist in fast jedem Auto, das in Europa erzeugt wird, ein Zünder aus der Schweiz eingebaut.

Multinationale Konzerne

Die ersten Unternehmen, die internationale Strategien verfolgten, waren multinationale Konzerne. US-Unternehmen wie General Motors, IBM oder Coca-Cola Company entwickelten schon vor dem Zweiten Weltkrieg weltweit Geschäftsaktivitäten. In Mittelamerika bestimmten US-Bananenfirmen wie „United Fruit" durch Unterstützung diktatorischer Regime jahrzehntelang die Politik in vielen Staaten mit. Auch Schweizer Großunternehmen wie zum Beispiel Nestlé, verschiedene Pharmakonzerne, Banken und Versicherungen führten vor, wie man globale Herausforderungen gewinnbringend annehmen kann. Mit weltweiten Zweigwerken und Niederlassungen waren diese Konzerne in der Lage, auch auf lokale Bedürfnisse einzugehen. Sehr oft wurden nationale oder lokale Konkurrenten von den Riesen einfach aufgekauft oder aus dem Markt gedrängt.

Bedeutung von Klein- und Mittelunternehmen

Während vor allem die großen Konzerne mit ihrem weltweiten Engagement in die Schlagzeilen geraten, sind es nach wie vor die Klein- und Mittelbetriebe, die den größten Anteil am weltweiten Wachstum produzieren. Sie reagieren oft weit flexibler auf die neuen globalen Herausforderungen. Derzeit sind 99 Prozent der europäischen Unternehmen Klein- und Mittelbetriebe. Sie beschäftigen zwei Drittel aller ArbeitnehmerInnen.

Marktnischen

Kleinere Firmen, die innovativ waren, setzten sich nicht selten alleine gegen größere Konkurrenten durch. Wer sich dem Wettbewerb stellte, mehr Geld in Forschung und Entwicklung steckte und eine Nische im Markt entdeckte, konnte sogar im globalen Wettbewerb Marktführer werden. In Graz spezialisierte sich die Firma AVL-List auf Motorentechnologie. Sie war bei wichtigen Neuerungen, etwa bei der Entwicklung einer neuen Generation von antriebstarken, aber dennoch sparsamen Dieselmotoren, federführend. 2005 eröffnete die steirische Firma in Schanghai einen Tochterbetrieb. Sie hatte rechtzeitig bemerkt, dass in China eigene Autofabriken errichtet würden, die auch in der sparsamen und umweltfreundlichen Motorentechnologie Nachholbedarf haben.

• • • • •

Niklas Z. und Janus F. haben erkannt, dass die wachsenden Kommunikationsbedürfnisse in einer globalen Welt auch Chancen für innovative Ideen bringen. Sie entwickelten in Estlands Hauptstadt Tallinn eine Software, mit der jeder per Internet weltweit kostenlos telefonieren kann. Auch Videogespräche sind über die von ihnen gegründete Plattform Skype möglich. Das Unternehmen zählte im Jahr 2007 insgesamt 200 Millionen NutzerInnen auf der ganzen Welt. Über Skype wird monatlich etwa drei Milliarden Minuten lang telefoniert. Heute hat die Internet-Telefonie in China sogar bereits mehr NutzerInnen als in den USA. Profitabel ist das Unternehmen, weil es neben der kostenlosen Kommunikation Zusatzdienste anbietet. So kann nicht bloß zwischen Computer und Computer, sondern gegen eine Gebühr auch zwischen Computer und Mobil- oder Festnetztelefon kommuniziert werden.

• • • • •

Abb. 25: **Schanghai** – aufstrebende Wirtschaftsmetropole in China

2.2 Abwanderung von Arbeitsplätzen

Billiglohnländer

Manchmal ist kaum noch nachvollziehbar, wie T-Shirts, Hosen und andere Massenwaren überhaupt so billig hergestellt werden können. Sie kosten nur wenige Euro und liegen in großen Wühlkisten zum Verkauf. Große Handelsketten in Europa und den USA lassen viele ihrer Produkte dort fertigen, wo sie am preisgünstigsten hergestellt werden. Die KonsumentInnen prüfen auf den Etiketten meist gar nicht nach, woher eine Ware stammt.

Doch der günstige Preis ist nur die eine Seite der Medaille. Auf der anderen Seite der Geschichte dieser Billigwaren stehen mitunter alles andere als faire Arbeitsbedingungen in sogenannten „Sweatshops". Das sind Betriebe in Billiglohnländern wie China, Vietnam, Bangladesch, Pakistan, Indonesien oder Guatemala, in denen Arbeitskräfte zu weit schlechteren sozialen Bedingungen und Löhnen arbeiten als in Europa. Während in reicheren Ländern Hunderttausende Arbeitsplätze in der Textil-, Schuh- oder Spielzeugbranche abgebaut wurden, entstanden in diesen Ländern neue Fertigungsstätten für eben diese Produkte.

Li C. arbeitet als Näherin in der südchinesischen Sonderwirtschaftszone Shenzen. Die 18-Jährige war zunächst froh über den Job, den sie bereits seit zwei Jahren hat. Damals kam sie vom Land in die Stadt, um sich eine Beschäftigung zu suchen. Doch nun arbeitet sie oft lange bis in die Nacht und manchmal sogar am Wochenende und oft ist sie sehr erschöpft. Ihr Betrieb hat die Stückzahl der täglich produzierten Kleidungsstücke immer wieder erhöht. Vor allem sind es Jeans, die für den europäischen und amerikanischen Markt erzeugt werden. Die Fertigungshalle ist schlecht belüftet – im Sommer wird es hier so heiß und schwül, dass es kaum erträglich ist. Ihr Lohn von knapp 70 Euro im Monat reicht gerade für eine Schlafstelle sowie für Essen und Trinken – und manchmal für einen Kinobesuch.

Abb. 26: **Näherinnen** in einem Billiglohnland

Textil-Arbeitsplätze

In Deutschland waren 1950 noch rund 700 000 Menschen in Textilunternehmen beschäftigt, 2006 waren es gerade noch 160 000. In Österreich gingen laut einer Studie der Arbeiterkammer zwischen 1970 und 2004 insgesamt 87 500 Arbeitsplätze in der Textil- und Bekleidungsbranche verloren. In anderen europäischen Ländern wie etwa Italien oder Slowenien war der Trend ähnlich. Laut Schätzungen wurden etwa im gleichen Zeitraum fast eine Million neuer Textil-Arbeitsplätze in Bangladesch geschaffen – dort freilich zu weit geringeren Löhnen.

Produktionsverlagerung

Viele europäische Handelsketten der Textil- und Schuhbranche haben keine eigenen Fertigungsstätten mehr. Zuerst war es nur der Versuch einiger weniger Unternehmen, ihren Gewinn durch solche Produktionsverlagerung in Billiglohnländer zu vergrößern, aber schließlich erfasste der Sog auch jene Betriebe, die gerne ihre Fertigungsstätten im Inland erhalten hätten. In Ländern wie Frankreich, Deutschland, Italien oder Österreich konnten sie nicht mehr konkurrenzfähig produzieren. Heute konzipieren viele dieser Unternehmen hier lediglich noch ihr Verkaufsprogramm und entwickeln Schnitte und Muster, während die Fertigung meist über Sub-Firmen auf der ganzen Welt erfolgt. Über Internetversteigerungen werden ihre Aufträge vergeben. Nur selten stehen die Sub-Firmen im Eigentum der europäischen Textilunternehmen.

Der Fall Nike

Als Joggen in den USA und Europa zum Volkssport wurde, erlebte eine amerikanische Firma ihren großen Aufstieg: Nike. Es galt als „cool", Nike-Schuhe zu tragen. Eine weltweite Werbekampagne mit Sport-Spitzenstars wie Michael Jordan oder Andre Agassi sorgte dafür, dass die Marke ausreichend bekannt wurde und viele ihrer Konkurrenten in den Schatten stellte. In den 1990er-Jahren wurde allerdings bekannt, dass die Firma ihre Produkte unter teilweise schrecklichen sozialen Bedingungen in Billiglohnländern herstellen ließ: Von unzumutbaren Arbeitsbedingungen, Hungerlöhnen und sogar Kinderarbeit wurde in den Medien berichtet. Die Folge war ein dramatischer Einbruch der Verkaufszahlen. Bei der Fußball-WM 1998 entschloss sich der Veranstalter Frankreich dazu, den Gebrauch von Nike-Bällen zu verbieten. Es war ein reinigendes Gewitter: Nike änderte nun sein Konzept. Das Unternehmen schloss sich dem „Global Compact" an, einer Initiative des ehemaligen UNO-Generalsekretärs Kofi Annan. Darin verpflichten sich multinationale Unternehmen, bei ihrer Produktion auf die Einhaltung der Menschenrechte zu achten und soziale Mindeststandards – insbesondere für Frauen – einzuhalten sowie Kinderarbeit zu ächten. Der Initiative haben sich mittlerweile mehr als 700 Firmen angeschlossen.

Abwanderung von Arbeitsplätzen

Die vor allem für westeuropäische Länder so schmerzliche Abwanderung von Arbeitsplätzen hat – abgesehen von den nach wie vor zweifelhaften Arbeitsbedingungen – natürlich auch zu einem (bescheidenen) Aufschwung in armen Ländern wie zum Beispiel Bangladesch geführt. Als sich das Land 1971 von Pakistan abspaltete und unabhängig wurde, galt es als eines der ärmsten der Welt. Es herrschten Hunger und Trostlosigkeit, die durchschnittliche Lebenserwartung lag bei lediglich 44 Jahren. Heute, da im Land Industriebetriebe – etwa in der Textilbranche – entstanden sind und mehr Menschen Arbeit und eine soziale Grundversorgung haben, ist die Lebenserwartung auf 62 Jahre gestiegen. Die ärgste Hungersnot ist überwunden. Das Pro-Kopf-Einkommen hat sich innerhalb von dreißig Jahren auf bescheidenem Niveau immerhin verdoppelt. Ähnlich ist die Situation in Indonesien: Hier lebten 1987 noch 28 Prozent der Bevölkerung von weniger als einem Dollar pro Tag, 2002 waren es nur noch acht Prozent. In Vietnam verdiente ein Arbeiter bei einem der ausländischen Betriebe zu Beginn des neuen Jahrtausends 40 Cent pro Stunde. Das erscheint erbärmlich, doch lokale Betriebe zahlten bis dahin lediglich die Hälfte davon.

So verständlich die Wut und die Frustration jener war, die ihren Arbeitsplatz verloren: Für viele westeuropäische und amerikanische Firmen war die Auslagerung der Produktion in Billiglohnländer oft der einzige Ausweg, im härter werdenden globalen Wettbewerb zu überleben. Gelang die Produktionsverlagerung gut, entstanden nach einem vorübergehenden Abbau von Arbeitsplätzen auch im Inland oft wieder neue Beschäftigungsmöglichkeiten. Doch es wurden nicht mehr die gleichen Arbeitskräfte gesucht: Statt einfach ausgebildeten Produktionskräften wurden nun DesignerInnen, Marketing-ExpertInnen, ÜbersetzerInnen oder Computer-SpezialistInnen benötigt.

Abb. 27: **Die Autoindustrie** verlagert Produktionsstätten vermehrt nach Osteuropa

EU-Osterweiterung

Insgesamt hat die Produktionsverlagerung in vielen Branchen den Druck erhöht, in den reicheren Ländern die Löhne zu reduzieren. Mit der Androhung, Arbeitsplätze zu verlagern, wurden zahlreiche Lohnverhandlungen geführt. Welche Auswirkungen dies hatte, ist am besten am Beispiel der Osterweiterung der Europäischen Union zu zeigen. Der Wirtschaftswissenschaftler Fritz Breuss vom Wirtschaftsforschungsinstitut in Wien (Wifo) konnte belegen, dass das Engagement westeuropäischer Firmen in den neuen Märkten Osteuropas die Löhne in Westeuropa nur wenig reduziert hat. Umgekehrt stiegen freilich in den neuen EU-Mitgliedsstaaten die Löhne um ein Vielfaches mehr als sie im Westen gesunken sind. Das heißt, insgesamt gab es nicht nur mehr Wachstum durch einen größeren Markt, sondern auch mehr Löhne zu verteilen. Breuss machte allerdings auch deutlich, dass vom Gewinn in den neuen Wachstumsmärkten vorwiegend einige größere westliche Unternehmen und Anleger profitiert haben, nämlich jene, die einst das Risiko auf sich genommen hatten, in die neuen Märkte zu investieren. Die breite Bevölkerung profitierte in weit geringerem Maße.

Die neue wirtschaftliche Vernetzung zwischen West- und Osteuropa hat jedoch auch im Westen neue Arbeitsplätze geschaffen, was sowohl Studien in Deutschland als auch in Österreich belegen. Zwar wurde der Arbeitsmarkt durch Produktionsverlagerungen und billige Konkurrenz aus dem Osten ordentlich durcheinandergerüttelt, doch insgesamt reduzierte das Engagement im Osten die Zahl der Arbeitsplätze daheim nicht, sondern erhöhte sie sogar. Freilich ist für den lokalen Arbeitsmarkt jede Fabriksverlagerung schmerzhaft. So löste 2008 die Schließung einer Handy-Fabrik in Bochum (Deutschland), die nach Rumänien verlagert wurde, heftige Proteste aus, vor allem weil das Werk bis dahin gewinnbringend geführt worden war.

Schiebedächer aus dem Waldviertel

Die Firma Pollmann hat sich weltweit einen Namen als Erzeuger von Schiebe- und Panoramadächern für Neuwagen gemacht. Viele Autohersteller bestellen die Schiebedächer bei der Firma, die insgesamt 3,7 Millionen Stück jährlich produziert. Beheimatet ist das Unternehmen im Waldviertel, im Norden Österreichs. In Tschechien und zuletzt in China wurden neue Produktionsstätten aufgebaut. Ziel des Engagements in Asien ist es, einen neuen Markt zu erobern und die dort beheimateten Autohersteller zu beliefern. Trotz der neuen Standbeine blieb die Zahl der Beschäftigten im Stammwerk seit Jahren mit über 400 ArbeitnehmerInnen relativ stabil. Allerdings hat sich die Struktur der Arbeitsplätze verändert. Da das weltweite Engagement auch mehr Planung verlangt und neue Herausforderungen zu bewältigen sind, wird im Stammwerk nun mehr hoch qualifiziertes Personal für Forschung und Entwicklung benötigt.

Qualitätsprobleme

Gab es vor allem in den 1990er-Jahren noch einen Boom bei den Produktionsverlagerungen in Billiglohnländer, profitierten bald auch viele mittel- und osteuropäische Länder davon. So ist der Trend mit Beginn des neuen Jahrtausends leicht abgeflaut. Ein Grund dafür ist, dass auch in Osteuropa die Löhne mittlerweile langsam steigen. Außerdem haben einige Unternehmen mit ihrer Produktionsverlagerung keine so positiven Erfahrungen gemacht. Einige Produktionen – zum Beispiel in der Metall verarbeitenden Industrie – wurden mittlerweile sogar zurückverlagert. Gründe dafür sind Qualitätsprobleme und ein oft teurer Koordinationsaufwand, der die Ersparnisse bei den Arbeitskosten zunichte macht.

Spielwaren aus Asien

Der Boom bei den Produktionsverlagerungen hat auch die Spielwarenhersteller erfasst: Über 80 Prozent der Waren werden mittlerweile in Ostasien – vor allem in China – produziert. Große Konzerne wie Mattel oder Lego haben ihre Produktion fast gänzlich dorthin verlagert. Mattel bezahlte dies allerdings mit erheblichen Qualitätsproblemen. So musste der Konzern mehrmals und in Millionen-Stückzahl in China produziertes Spielzeug wegen Gesundheitsgefährdung vom Markt nehmen. Andere Betriebe – wie etwa Playmobil – versuchten einen alternativen Weg zu gehen und verlagerten ihre Produktion nicht in Billiglohnländer. Sie setzten auf Qualität und höhere Verkaufspreise. Auch dieses Konzept ging auf.

Neue Märkte

Die Produktionsverlagerung großer Unternehmen in Billiglohnländer bleibt ein zweischneidiges Schwert. Die meisten Auslandsinvestitionen internationaler Konzerne fließen allerdings nicht wegen der dort anzutreffenden billigeren Produktionsmöglichkeiten in neue Fertigungsbetriebe in den Ländern Osteuropas oder Ostasiens, sondern in Länder wie Polen oder China, um die dort entstandenen Märkte mit Millionen neuer KonsumentInnen zu erobern. Dort werden Filialen eröffnet und damit neue Arbeitsplätze geschaffen.

Abb. 28: **Entwicklung der weltweiten Beschäftigung** 1996 bis 2007 – Anzahl der ArbeitnehmerInnen in Milliarden (Daten aus: ILO-Bericht „Global employment trends, January 2008")

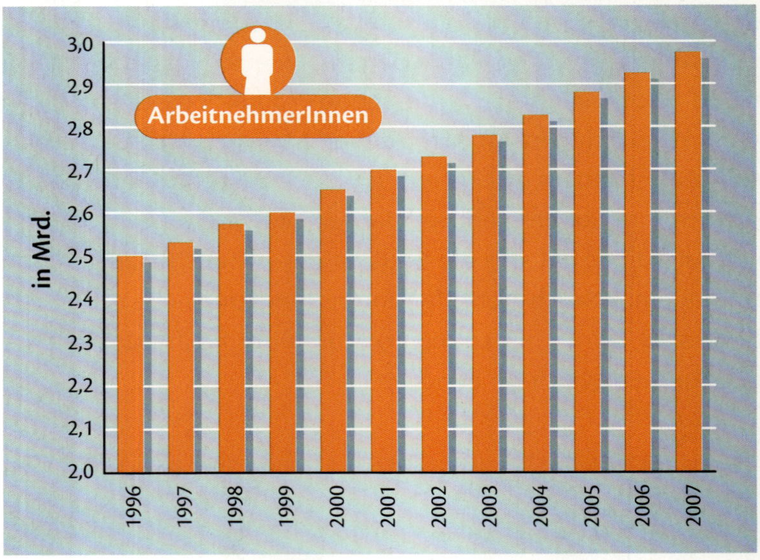

Besonders der chinesische Arbeitsmarkt wuchs rasant an: Wurden im Jahr 1970 noch 85 Millionen Arbeitskräfte in Industrie und Dienstleistungsbetrieben gezählt, waren es im Jahr 2005 schon 412 Millionen, Tendenz weiter steigend. Auch die „Tigerstaaten" wie Südkorea, Singapur oder die Philippinen zogen bald nach.

In Indien sorgten gut ausgebildete Fachkräfte für die Niederlassung von zahlreichen Firmen aus Europa, den USA und Japan. Computer-SpezialistInnen aus Indien werden weltweit gesucht, für sie wurden sogar die strengen Einwanderungsregeln in Europa oder Nordamerika gelockert.

Abb. 29: **Weltmarkt der Arbeit** – Arbeitskräfte in Millionen (Daten aus: Der Spiegel 37/2006)

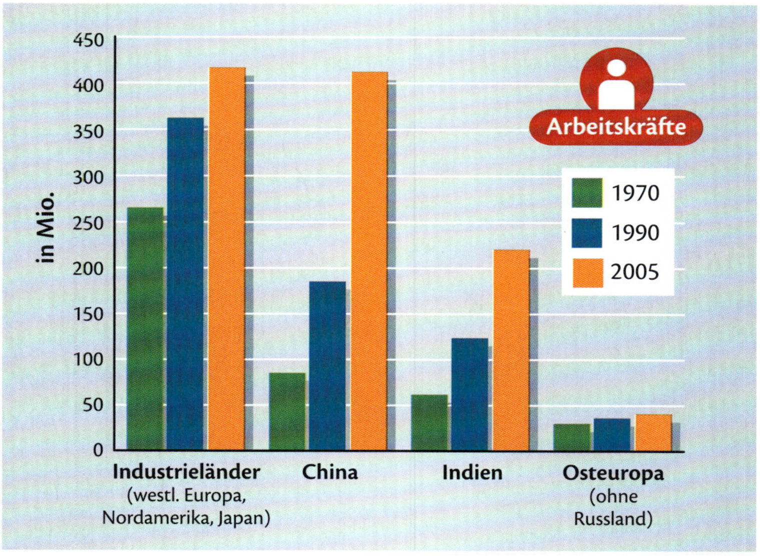

Der jüngste Schub der Globalisierung ging am Arbeitsmarkt nicht spurlos vorbei. Zwischen 1996 und 2006 wurden laut der Internationalen Arbeitnehmerorganisation ILO weltweit insgesamt über 400 Millionen Jobs geschaffen. Die Zahl der ArbeitnehmerInnen stieg in diesem Zeitraum um 16 Prozent auf einen Höchststand von 2,9 Milliarden Menschen. Allerdings ging deshalb die Zahl der Arbeitslosen weltweit nicht zurück – nicht nur wegen der weiterhin hohen Geburtenrate in den Entwicklungsländern stieg die Arbeitslosigkeit sogar leicht an. Auch unbewältigte Probleme wie Hunger, Seuchen, mangelnde Bildungseinrichtungen und eine generelle Isolation vom internationalen Fortschritt machen die Arbeitslosigkeit in den ärmsten der armen Länder zu einem traurigen Dauerzustand.

2.3 Neue globale Arbeitsteilung

„Kolonialwaren“

Vor der Globalisierung der Wirtschaft funktionierte der Austausch von Waren und Dienstleistungen relativ simpel: Was in einem Land hergestellt wurde, wurde größtenteils am eigenen nationalen Markt verkauft; nur ein kleiner Teil davon wurde auch exportiert. Nach Europa eingeführt wurden sogenannte „Kolonialwaren“, also Gewürze, Tee, Kaffee oder Seide. Konsumgüter stellten die europäischen Firmen dagegen in der Regel selbst her. So gab es in Österreich, Deutschland oder den Niederlanden mehrere Waschmaschinenhersteller und auch Radio- und Fernsehgeräte wurden im eigenen Land erzeugt.

Fototechnik aus Ostasien

Die Wende erfolgte in den 1960er-Jahren: Japan, Taiwan und Hongkong erzeugten die ersten billigen Fotoapparate und Kassettenrekorder und lieferten sie unter anderem auch nach Europa. Die meisten Bestandteile dafür stellten sie selbst her oder kauften sie im eigenen Land zu. Die Wertschöpfung – also die Erhöhung des Werts der Ware z. B. durch Weiterverarbeitung oder durch Vermarktung – erfolgte damit fast ausschließlich im Land der Herstellung. Über den Großhandel, der anfangs eine beträchtliche Spanne auf den Einkaufspreis aufschlagen konnte, wurden die Waren in aller Welt angeboten.

Marktöffnung in China

Im nächsten Schritt entdeckten japanische Erzeuger Firmen in China, die einzelne Bestandteile oder das ganze Produkt wesentlich billiger herstellen konnten, da chinesische Arbeitskräfte weniger Lohn bekamen als einheimische. Dieses Lohngefälle wurde von mehreren Wirtschaftspartnern genützt. Die auf Marktöffnung setzende kommunistische Führung in China freute sich, dass moderne Fabriken und damit auch zukunftsträchtige Arbeitsplätze entstanden. Die japanischen Firmen profitierten davon, indem sie neue Produkte billiger für den eigenen Markt und den Weltmarkt anbieten konnten. Dies wog volkswirtschaftlich den Verlust von lokalen Arbeitsplätzen in der Fertigung auf. Und letztlich hatten auch die KonsumentInnen in Europa einen Vorteil: Sie konnten Geräte der Unterhaltungselektronik oder der Fotobranche günstiger einkaufen. Die niedrigen Löhne der Arbeitskräfte sorgen für konkurrenzlos niedrige Preise.

Billige Massenware aus Fernost

Freilich brachte die neue Arbeitsteilung auch Nachteile mit sich: Europäische Produzenten etwa konnten mit den Preisen der fernöstlichen Konkurrenten nicht mithalten und verlagerten ihren Schwerpunkt auf Produkte hoher Qualität. Europäische Konzerne wie Philips oder Grundig stellten also die Produktion von billiger Massenware in europäischen Werken ein und benutzten die Produktions-Fließbänder für die Erzeugung von teuren Videorecordern oder Farbfernsehgeräten. Doch bald zogen auch hier die Anbieter in Fernost nach. Schließlich kam es auch innerhalb von Europa zu Betriebsverlagerungen, vor allem in die neuen EU-Länder. Mehrere EU-Politiker setzten sich für die Schaffung eines Fonds für Geschädigte der Globalisierung ein. Aus diesem sollen künftig Umschulungen gekündigter ArbeitnehmerInnen finanziert werden.

Das globale Lohngefälle

Noch Mitte der 1970er-Jahre waren die größten 15 Produzenten von Konsumgütern in Europa, den USA und Japan beheimatet. Die Lohnunterschiede waren in diesen Ländern nicht sehr groß: Der Durchschnittslohn betrug rund fünf US-Dollar pro Stunde. In Schweden war er mit 7,18 US-Dollar am höchsten, in Japan mit drei US-Dollar am niedrigsten; die größte Differenz betrug also das 2 ½-Fache. 2002 variierten die Löhne in den 15 exportstärksten Ländern der Welt aber bereits auffällig stark: Zwischen Deutschland mit 24,3 US-Dollar und China mit unter einem US- Dollar pro Stunde betrug die Differenz demnach 27 zu 1.

Abb. 30: **Lohnunterschiede** der größten Produzenten von Konsumgütern 1975 und 2002 – Durchschnittslohn in US-Dollar pro Stunde (Daten aus: S. Anderson, J. Cavanagh, T. Lee: Global Economy. The New Press, 2005)

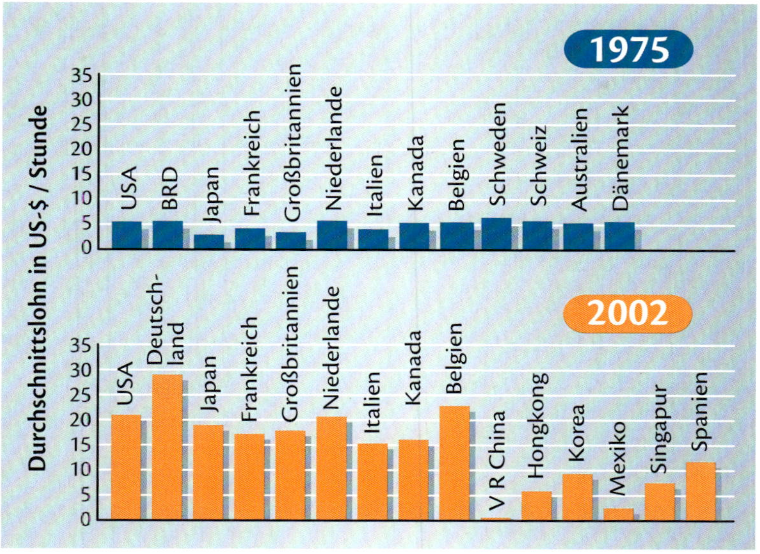

Autobranche

Die Erzeugung von Autos wurde wie kaum eine andere Branche der internationalen Arbeitsteilung unterworfen. Europäische, amerikanische und japanische Hersteller nutzten in hohem Maße die Möglichkeit, Bestandteile oder komplette Fahrzeuge weltweit zu erzeugen. Unternehmen in den USA begannen, große Teile der Produktion in billigere (Nachbar-) Länder auszulagern. So beschloss etwa der amerikanische Autokonzern General Motors 1994, das damals in den USA beliebte Modell „Suburban" – ein „sport utility vehicle" (SUV) – zu einem Großteil in einer neuen Fabrik in Silao in Mexiko zusammenzubauen. Die Lohnunterschiede waren beträchtlich: In den US-Werken, etwa in Janesville, Wisconsin, betrug der Stundenlohn der ArbeiterInnen am Fließband für den „Suburban" damals 18 US-Dollar, in Silao, Mexiko nur 1,50 US-Dollar. Und obwohl 1996 fast die Hälfte dieser Modelle in Mexiko erzeugt wurde, blieb der Verkaufspreis des „Suburban" mit 23 000 bis 30 000 US-Dollar gleich wie vorher – der Konzern freute sich über steigende Gewinne.

Beispiel Volkswagen

Volkswagen errichtete Anfang der 1990er-Jahre ein neues Autowerk in Setubal, Portugal, für das es auch EU-Subventionen erhielt. Bald lief dort der erste Van vom Band, womit Volkswagen am rasch wachsenden Markt der Großraumautos, die bis zu sieben Personen Platz bieten, mitmischen konnte. Mittlerweile laufen auch in der Slowakei und in Tschechien Modelle der deutschen Marke vom Band, und in Spanien übernahm VW die angeschlagene Firma SEAT. Volkswagen unterhält auch Zweigwerke in Lateinamerika und China. Im Jahr 2000 deckte VW fast zwei Drittel des chinesischen Automarkts ab, 2006 immer noch mehr als die Hälfte.

Die für ein Auto benötigten Komponenten werden heute aus verschiedensten Ländern zugekauft. Eine Reihe von Zulieferfirmen hat sich jeweils auf die Produktion von Einzelteilen spezialisiert, die von mehreren Autokonzernen gekauft werden. Die kanadische Firma Magna unterhält in Österreich mehrere Fabriken, in denen Motorenteile, Rückspiegel oder Bremsanlagen erzeugt werden. Das Unternehmen hat – am Standort Graz – aber auch die Endfertigung von kompletten Fahrzeugen wie Chrysler Voyager, Jeep oder den Mercedes-Geländewagen übernommen. Nicht unweit, in der Steiermark und im Burgenland werden Lederbezüge für Autositze hergestellt.

Das globale Puzzle des Opel Corsa

Die Komponenten eines neuen PKW stammen längst nicht mehr aus einem einzigen Land. So kommen etwa beim Modell Opel Corsa Motor und Getriebe aus dem General Motors-Werk in Wien-Aspern, die Lichtanlagen aus Deutschland, die Reifen aus Frankreich, und zusammengebaut wird das Auto im GM-Werk in Barcelona, Spanien.

Ob Autos, Staubsauger, Flugzeuge oder Kleidungsstücke – längst werden sie alle aus zahlreichen Komponenten zusammengesetzt, die aus Dutzenden verschiedenen Ländern kommen. Auch Dienstleistungsbetriebe nutzen den globalen Markt: Banken, Versicherungen, aber auch Hotel- und Gastronomieketten bieten ihre Dienste weltweit an. Der schnell wachsende Mittelstand in Ländern wie Indien oder China liefert neue kaufkräftige KundInnen. Unternehmen beginnen aber auch, einen Teil ihrer internen Aufgaben weltweit auszulagern. So haben manche europäische Flugunternehmen Buchhaltungsfirmen in Indien entdeckt: British Airways und Austrian Airlines haben beispielsweise die aufwendige Abrechnung der verwendeten Tickets in ein indisches Unternehmen ausgelagert. Indien wurde auch Heimstatt vieler Callcenters für internationale Firmen.

Ökologischer Nachteil

Die globale Arbeitsteilung hat freilich einen ökologischen Nachteil: Viele Produktkomponenten müssen nun über viele Kilometer transportiert werden, um irgendwo auf der Welt zusammengebaut, zusammengestellt oder zusammengenäht zu werden. Dies brachte zwar neue Arbeitsplätze in Transportunternehmen, aber auch einen höheren Ausstoß schädlicher Treibhausgase. Am wenigsten belastend für die Umwelt ist der Transport auf Schiffen.

An der Fertigung der beliebten Hosen aus Baumwolle ist eine ganze Reihe von Produzenten rund um den Globus beteiligt.

Abb. 31: Weltreise einer Jeans

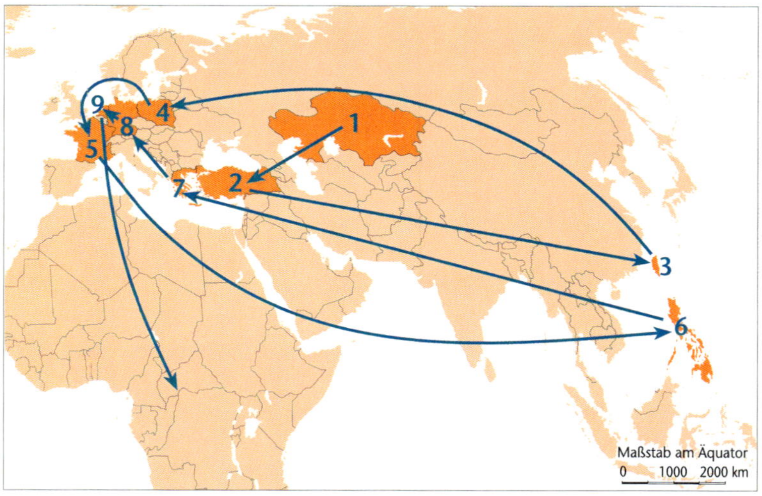

1. Kasachstan: Hier wird die Baumwolle in Plantagen geerntet und in die Türkei verschickt.
→ 4 800 km

2. Türkei: Hier wird die Baumwolle zu Garn versponnen und nach Taiwan befördert.
→ 15 000 km

3. Taiwan: Hier wird das Garn gefärbt und weiter nach Polen geschickt.
→ 27 000 km

4. Polen: Das gefärbte Garn wird zu Stoff gewebt und weiter nach Frankreich transportiert.
→ 28 600 km

5. Frankreich: Hier kommen das Innenfutter, die Metallknöpfe und das Logo-Schild dazu, dann geht es weiter auf die Philippinen.
→ 42 300 km

6. Philippinen: Hier wird der Stoff zu Hosen genäht, die Ware geht nach Griechenland.
→ 54 000 km

7. Griechenland: Hier findet die Endfertigung statt, die Hosen werden mit Bimssteinen gewaschen, was den modischen „Stone-washed"-Effekt erzeugt. Dann geht es weiter nach Deutschland.
→ 56 300 km

8. Deutschland: Die Jeans werden verkauft und getragen. Über die Altkleidersammlung gehen sie später weiter in die Niederlande.
→ 56 600 km

9. Niederlande: Sortiert und gewaschen werden sie zur weiteren Nutzung nach Afrika transportiert.
→ 64 000 km

(Daten nach: mediafant Freiburg, http://www.globalisierung-online.de)

Die Jeans sind damit eineinhalb Mal um die Erde gereist. Vom Verkaufspreis erhalten übrigens die Näherinnen und Näher am wenigsten: nur rund ein Prozent.

Abb. 32: **Wer verdient wie viel an einer Jeans?** (Daten: Clean Clothes Kampagne)

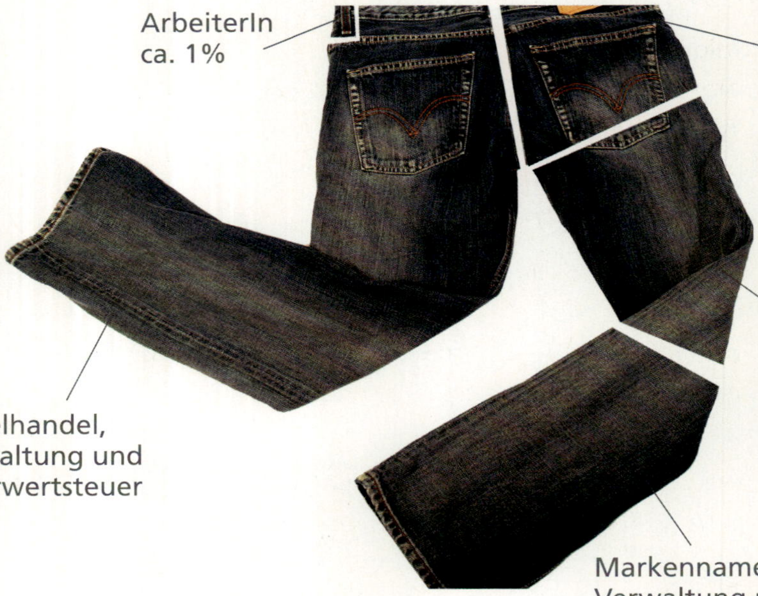

2.4 Handelspolitik

Industrielle Revolution

Der Austausch von Waren und Dienstleistungen wurde früher von und zwischen einzelnen Staaten geregelt. Jedes Land bestimmte selbst, wie viele Produkte aus einem anderen Land eingeführt werden durften, und hob darauf Zölle ein – einerseits, um Abgaben für den Staatshaushalt einzunehmen, andererseits, um die eigene Volkswirtschaft vor ausländischer Konkurrenz zu schützen. Die industrielle Revolution im 19. Jahrhundert und die Entwicklung von Fertigungsmaschinen, etwa der Webstühle, ermöglichten die Produktion in großen Serien. Im 20. Jahrhundert nahm der Austausch von Waren und Dienstleistungen deutlich zu, aber die bisherigen Handelsschranken drohten die wirtschaftliche Entfaltungsmöglichkeit zu stoppen.

Europäische Gemeinschaft

Vor allem in Europa war der Handel zwischen den Ländern so weit entwickelt, dass Zollschranken und Beschränkungen der Einfuhrmengen (Quoten) schrittweise abgebaut wurden. Nach dem Zweiten Weltkrieg setzten die sechs Gründungsmitglieder der „Europäischen Gemeinschaft für Kohle und Stahl“ – Deutschland, Frankreich, Italien, Belgien, die Niederlande und Luxemburg – zunächst bei wichtigen Rohstoffen an: Sie stellten Produktion, Preisgestaltung und Vertrieb von Kohle und Stahl unter die Kontrolle einer gemeinsamen Behörde, der Vorläuferin der Europäischen Kommission in Brüssel. Gleichzeitig peilten sie einen gemeinsamen Markt ohne Zölle und Kontingente an, wofür 1957 die Römischen Verträge zur Gründung der Europäischen Gemeinschaft unterschrieben wurden.

Entwicklung von Freihandelszonen in Europa

EU (Europäische Union)

Die Gründungsstaaten der heutigen EU – Deutschland, Frankreich, Italien, Belgien, die Niederlande und Luxemburg – vereinbarten 1957 einen schrittweisen Abbau aller Handelsschranken auf einem gemeinsamen Markt.

EFTA (European Free Trade Association)

Kurz danach wurde die „Europäische Freihandels-Assoziation" EFTA von ihren sieben Gründungsmitgliedern – Großbritannien, Schweden, Norwegen, Dänemark, Österreich, Portugal und der Schweiz – mit demselben Ziel ins Leben gerufen. Alle außer Norwegen und der Schweiz schlossen sich später der EU an.

COMECON

Im kommunistisch regierten Mittel- und Osteuropa wurde ab 1949 der „Rat für gegenseitige Wirtschaftshilfe", nach der russischen Abkürzung auch COMECON genannt, eingerichtet, der ebenfalls einen erleichterten Warenaustausch unter den planwirtschaftlich gelenkten Volkswirtschaften vorsah.

GATT

Mit dem Anstieg des Welthandels wurde bald der Ruf nach einem weltweiten Zollabbau laut. Anfangs funktionierte das so, dass zum Beispiel europäische Länder, die Maschinen nach Brasilien verkaufen wollten, im Gegenzug brasilianischen Produkten den Zutritt zu ihren Märkten erleichtern mussten. Dies waren damals vor allem Agrarprodukte wie Zucker, Kaffee oder Rindfleisch. Nach dem Zweiten Weltkrieg versuchten die Regierungen in Europa und Nordamerika, neue Regelungen für den Welthandel festzulegen. 1947 gründeten sie eine Kooperation zum Abbau der Handelsschranken namens GATT, General Agreement on Tariffs and Trade (Allgemeines Zoll- und Handelsabkommen), die sich für freien Handel einsetzte. Erst 1995 wurde daraus die heutige Welthandelsorganisation WTO (World Trade Organization), die für weltweit gleiche Spielregeln eintritt.

WTO

Abb. 33: **Welthandelsströme** (Daten aus: WTO-Bericht „International Trade Statistics 2007")

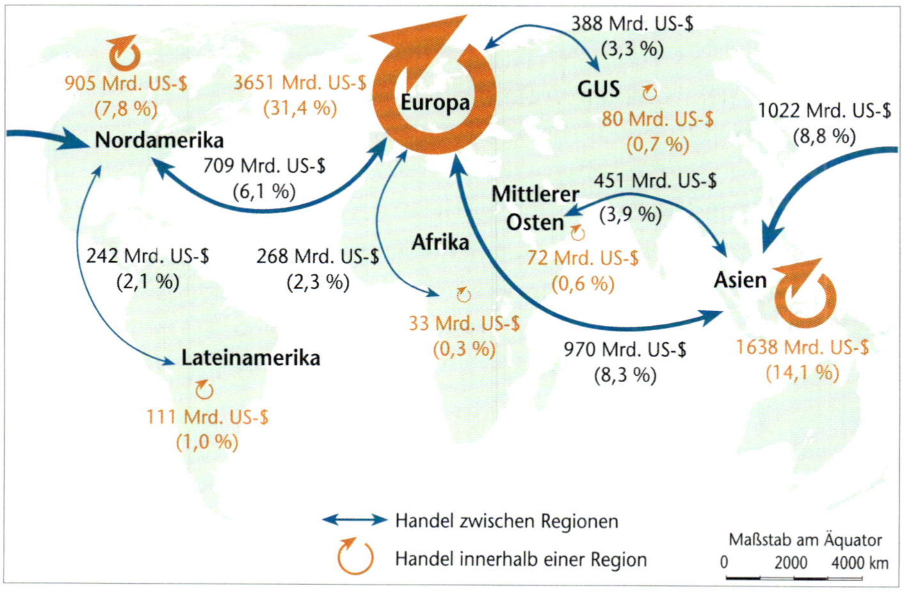

Doch der Freihandel begünstigte die reicheren Industrieländer in Europa und Nordamerika, weil sie weltweit mehr hochpreisige Waren absetzen konnten. Die ärmeren Entwicklungsländer konnten seit Beginn dieser Entwicklung nur eingeschränkt am Gewinn teilhaben, denn sie öffneten zwar ihre Märkte für verarbeitete Waren und Dienstleistungen aus dem Ausland, stießen aber umgekehrt auf Barrieren für ihre Exporte, die meist aus Agrarprodukten bestanden. So hoben die USA und die EU auf ausländische Agrarprodukte zum Schutz der inländischen Bäuerinnen und Bauern Zölle ein und subventionierten außerdem ihre eigenen Agrarexporte. Dies hatte zur Folge, dass etwa Milchprodukte aus Irland oder Dänemark in Supermärkten der Entwicklungsländer billiger angeboten wurden als lokale Erzeugnisse. Inzwischen hat die EU in den Verhandlungen zum weltweiten Zollabbau die Stützungen für eigene Agrarprodukte deutlich reduziert und für Erzeugnisse aus Ländern in Afrika, der Karibik und dem Pazifik (AKP-Staaten) den Marktzugang erleichtert.

Abb. 34: **Bananenimporte in die EU** - Beispiel für einen Handelskonflikt

Konflikt um Bananen

Ein Musterbeispiel für einen Handelskonflikt stellt der Streit um die Einfuhr von Bananen in die EU dar. Lange Jahre bestimmten die einzelnen EU-Länder selbstständig, wie viele der gelben Tropenfrüchte sie von woher importierten. Auch der Zoll wurde von jedem Land selbst festgesetzt. Doch dann trat 1993 eine gemeinsame „Bananenmarktordnung" in Kraft, welche den Import der Früchte einheitlich regelte. Um Bananen aus den ehemaligen Kolonien Frankreichs und Großbritanniens in der Karibik oder auf den Kanarischen Inseln sowie in den AKP-Staaten (Afrika, Karibik, Pazifik) zu bevorzugen, wurde die Einfuhr von Früchten aus lateinamerikanischen Ländern wie Kolumbien und Ecuador durch hohe Zölle erschwert. Die Produzenten, meist US-Firmen wie United Fruits, Dole oder Chiquita, klagten daraufhin beim GATT-Sekretariat wegen Diskriminierung und bekamen in der Folge recht. Ihr jährlicher Schaden wurde 1999 auf 191 Millionen US-Dollar geschätzt. Die USA verhängten im Gegenzug auf den Import von

Waren aus Europa – zum Beispiel Champagner, Schinken oder Kaffeemaschinen – Strafzölle, was wiederum europäischen Firmen Schaden zufügte. Aber auch die Bananenproduzenten in Lateinamerika klagten über die Situation: Weil ihnen die Lieferung erschwert wurde, ging weltweit der Konsum von Bananen zurück. In der Folge sanken die Weltmarktpreise für Bananen, was wiederum die Produzenten in Lateinamerika am meisten traf.

Protektionismus

Auch innerhalb der EU war der Freihandel lange durch einseitige Maßnahmen eines Staates zum Schutz der eigenen Erzeuger (Protektionismus) eingeschränkt. So behinderte etwa Frankreich die Einfuhr von Rasenmähern aus Großbritannien mit dem Argument, diese wären viel zu laut für französische Ohren. Die EU-Kommission musste daraufhin verbindliche Lärmgrenzen für Rasenmäher einführen: Produkte aus EU-Ländern, welche diese Grenzwerte erfüllten, durften fortan überall auf dem EU-Binnenmarkt frei verkauft werden. Viele der heute belächelten EU-Normen wie jene für Rasenmäher oder die Größe von Traktorensitzen waren für die Schaffung des Binnenmarktes notwendig, tragen aber bis heute der EU-Kommission den Vorwurf ein, sich in zu viele Angelegenheiten einzumischen.

Die Gefahr einer Gesundheitsschädigung ist eines der wenigen anerkannten Argumente, warum ein Staat Produkte aus einem anderen EU-Land vom eigenen Markt verbannen darf. So blockierte Frankreich lange Jahre die Einfuhr italienischer Panettone-Kuchen wegen eines angeblich schädlichen Konservierungsmittels. Und ein österreichischer Erzeuger von Energy-Drinks durfte wegen eines nach Ansicht französischer Behörden gesundheitsschädlichen Inhaltsstoffs bis 2008 seine Dosen nicht auf dem französischen Markt verkaufen.

Freihandelszonen außerhalb Europas

So wie in Europa schlossen sich weltweit viele Länder zur Wirtschaftskooperationen, aber auch zu politischen Bündnissen zusammen. In Asien entstand die ASEAN-Organisation und in Südamerika traten die Andenstaaten der Initiative ANDEAN bei; später wurde die Organisation MERCOSUR gegründet, der inzwischen fast alle südamerikanischen Staaten angehören. Im südlichen Afrika schlossen sich mehrere Staaten zur südafrikanischen Freihandelszone SACU zusammen. In Nordamerika entstand 1994 die Freihandelsorganisation NAFTA (North American Free Trade Agreement), der Kanada, die USA und Mexiko angehören. Zwischen diesen drei Ländern wurde der Freihandel von verarbeiteten Waren vereinbart.

Freihandel

Die Idee des Freihandels breitete sich immer mehr aus. Sie wurde allerdings dort zum Problem, wo sich sehr unterschiedlich entwickelte Staaten zusammenschlossen. Ein Beispiel sind die USA und Mexiko, die mit Kanada in der NAFTA kooperieren wollten. Aus den USA wurden zahlreiche Fabriken wie etwa Autowerke nach Mexiko verlagert, wo billigere Löhne InvestorInnen anlockten. Innerhalb weniger Jahre verdoppelten sich die ausländischen Investitionen in Mexiko. Im Agrarbereich hatte der Abbau von Zöllen massive Auswirkungen: Mexikanische Farmer klagten über starke Konkurrenz von US-Maiserzeugern, deren Ausfuhren nach Mexiko sich in den ersten sieben Jahren seit Gründung der NAFTA verdoppelten. Dies vertrieb über eine Million mexikanische Bäuerinnen und Bauern aus der Maisproduktion, was zusammen mit Preisabsprachen der US-Exporteure zum Anstieg der Preise für Tortilla-Mehl in Mexiko führte. Da Tortillas (Maisfladen) das Hauptnahrungsmittel in Mexiko sind, kam es zu Massenprotesten. Doch alle drei Regierungen, die der USA, Kanadas und Mexikos, verweisen auf die in einer Gesamtrechnung überwiegenden Vorteile der NAFTA: Die Wirtschaft wuchs überall, und aus dem früher agrarisch orientierten Mexiko wurde eine Industriemacht mit Zehntausenden neuen Arbeitsplätzen. Freilich gingen im Gegenzug in den USA sehr viele Industriearbeitsplätze verloren.

Problemfall Afrika

Von der Liberalisierung des Welthandels hat Afrika im Vergleich zu anderen Kontinenten am wenigsten profitiert. Politische Instabilität, Kriege, Korruption in der Verwaltung und weitere Defizite sind dafür verantwortlich, dass Afrika seine ökonomischen Grundlagen für eine Teilnahme am boomenden Handel nicht entwickeln konnte. Vielfach wird den reichen Freihandelszonen in Europa und Amerika vorgeworfen, dass sie den afrikanischen Produkten auf ihrem Markt keine Chance gelassen haben. Während intern die Zölle und Lieferquoten abgebaut wurden, blieben sie für Länder außerhalb der Freihandelszone bestehen.

Abb. 35: Mehrere afrikanische Staaten sind vom **Kaffeeexport** abhängig

Dennoch gibt es auch in Afrika positive Entwicklungen: Südafrika ist zu einer regionalen Wirtschaftsmacht aufgestiegen und exportiert immer mehr verarbeitete Produkte, darunter auch High-Tech-Güter. Auch Uganda, Botswana oder die Inselrepublik Mauritius gelten inzwischen als Modelle für erfolgreiche Reformen. So konnte Uganda die Armut deutlich reduzieren, ist aber immer noch vor allem auf Agrarexporte (Kaffee, Fischprodukte) angewiesen. Von staatlichen Exportförderungen profitieren jedoch nur große Betriebe, während kleinere Unternehmen meist keinen Zugang zu Krediten haben.

Zwischen den USA, der EU und auch China ist inzwischen ein Wettlauf um den Zugang zu den Rohstoffen und Bodenschätzen Afrikas im Gang. China hat sich etwa im Sudan die Förderrechte für Erdöl gesichert.

2.5 Internationale Ressourcenabhängigkeit

Die weltweit wachsende Wirtschaft benötigt immer mehr natürliche Ressourcen – vor allem für Energie. Weil es an ausreichenden Alternativen mangelt, wächst der Bedarf an Öl und Erdgas permanent. Die Internationale Energiebehörde IEA hat errechnet, dass sich der Bedarf an Energie seit den 1970er-Jahren verdoppelt hat. Allein Asien wird im Jahr 2010 um nochmals dreißig Prozent mehr Öl benötigen als noch im Jahr 2000.

Energie

Die meiste Energie wird dort verbraucht, wo das Wirtschaftswachstum und der Wohlstand am größten sind. Allerdings gibt es auch andere Faktoren, die den Verbrauch beeinflussen. So gelten die USA als Energieverschwender. Ob es energiesparende Fahrzeuge oder die Wärmedämmung bei Häusern sind, die europäischen Staaten können heute Energie bei weitem effizienter nutzen als die USA. So beträgt der Pro-Kopf-Verbrauch an sogenannten Öl-Gleichwerten (TÖGW) in den USA 5 340 je Einwohner, in der EU lediglich 2 390 je Einwohner. Öl-Gleichwerte entsprechen dem Gesamtenergieverbrauch, der hier nur in einer Energieform, nämlich Öl, ausgedrückt wird.

Abb. 36: **Entwicklung des Energiemix** – Primärenergieangebot nach Energieträgern (Daten aus: International Energy Agency IEA „Key World Energy Statistics 2002")

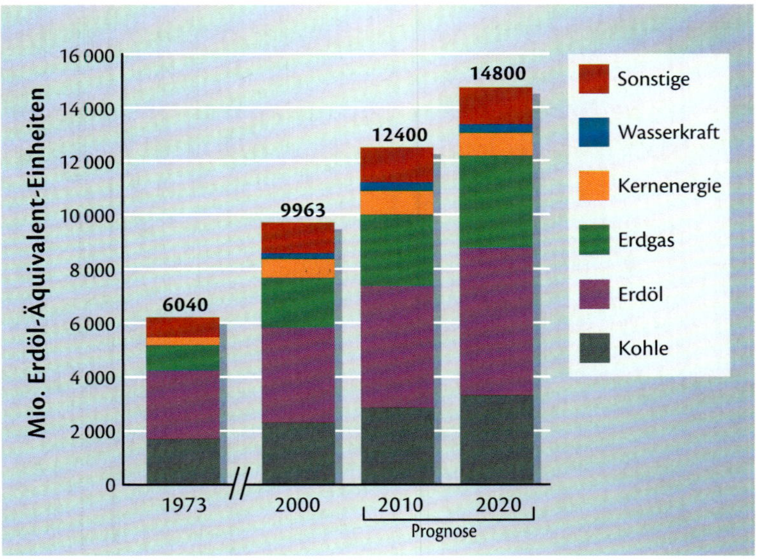

Doch Europa darf sich auf diesem Erfolg nicht ausruhen. Der ständig steigende Verbrauch von Energie, die in zu großem Maße durch Verbrennung (z. B. Öl, Gas, Holz) gewonnen wird, ist zu einem massiven ökologischen Problem geworden. Und dieses wird sich in den nächsten Jahrzehnten noch verschärfen. Jene Länder, die am meisten Energie verbrauchen, haben auch den höchsten Ausstoß an CO_2 und anderen Treibhausgasen. Diese sind hauptverantwortlich für den Klimawandel.

Abb. 37: **Energieverbrauch und CO_2-Emissionen** weltweit (Daten aus: International Energy Agency, „IEA-Statistics 2007")

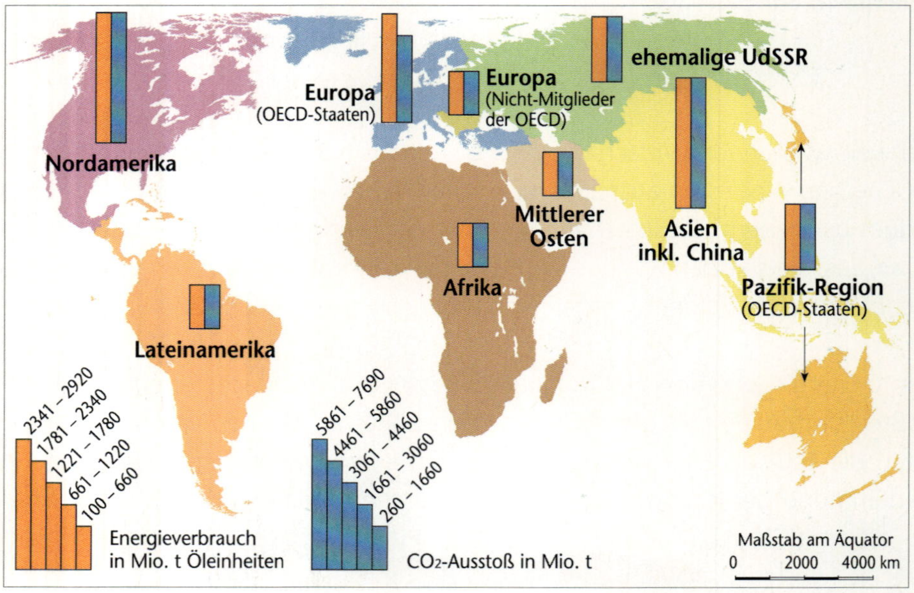

Erdölreserven

Zudem wurde die Abhängigkeit vor allem von Öl und Gas zu einem heiklen politischen Faktor. Keine Region der Welt verfügt über so große Erdölreserven wie der Nahe Osten. Fast zwei Drittel des noch zu fördernden Öls lagern dort, ebenso die meisten Erdgasreserven (rund 40 Prozent). Diese Tatsache hat dazu beigetragen, dass die politischen Abhängigkeiten von dieser Region zugenommen haben: Die USA sind massiv von Öllieferungen aus Südamerika und dem Nahen Osten abhängig, Europa von Lieferungen aus Russland und ebenfalls dem Nahen Osten. Diese Situation führt regelmäßig zu politischen Spannungen. Zwar dementierten US-Politiker, dass etwa der Irak-Krieg auch wegen der dort lagernden Ölreserven geführt wurde. Doch es ist auch erwiesen, dass es britischen und US-Ölkonzernen schwer im Magen lag, dass sie nach 1972 – als alle Ölfelder des Landes verstaatlicht wurden – jeglichen Einfluss auf die Ölförderung im Irak verloren hatten.

Abb. 38: **Die Ölkonzerne mit den größten Reserven** – 1 Barrel entspricht 159 Liter (Quelle: Thomas Seifert, Klaus Werner: Schwarzbuch Öl. Ullstein, Berlin 2008)

Unternehmen:	Firmensitz	Reserven an Öl
Saudi Aramco	Saudi Arabien	259 400 Mio. Barrel
NIOC	Iran	125 800 Mio. Barrel
INOC	Irak	115 000 Mio. Barrel
KPC	Kuwait	99 000 Mio. Barrel
PDVSA	Venezuela	77 800 Mio. Barrel

Ölquellen versiegen

Horrormeldungen, wonach bereits in wenigen Jahren die Ölquellen versiegen, haben sich als falsch erwiesen – es werden weiterhin neue Ölfelder weit unter der Erdoberfläche entdeckt. Dennoch rückt das Ende näher. Das Öl sprudelt noch für Jahrzehnte, aber Jahr für Jahr wird weniger entdeckt als verbraucht wird. Wegen des gestiegenen Ölpreises werden auch aufwendigere Fördermethoden, etwa die Gewinnung aus ölhältigen Sandschichten, angewendet. Wie lange die Welt diesen Rohstoff noch nutzen kann, wird auch davon abhängen, wie sparsam sie ihn einsetzt. Laut Berechnung des Ölkonzerns BP dauert es bei gleich bleibenden Bedingungen nur noch 40 Jahre, bis die Reserven komplett aufgebraucht sind.

Erneuerbare Energie

Wegen der politischen Spannungen mit den Herkunftsländern, aber auch wegen der wachsenden Nachfrage haben sich die Preise für Öl und Gas in den letzten Jahrzehnten deutlich erhöht. Dies motiviert nun auch die Suche nach Alternativen. So hat sich die Europäische Union zum Ziel gesetzt, bis zum Jahr 2020 20 Prozent ihres gesamten Energieverbrauchs durch erneuerbare Energiequellen zu decken. Im Gegensatz zu Öl, Gas und Kohle geht es hier um Ressourcen, die ständig neu entstehen oder nachwachsen. Metall kann aus Altmetall, Glas aus Altglas, Papier aus Altpapier gewonnen werden. Doch wenn Benzin oder Heizöl einmal verbrannt sind, sorgen sie zwar für einen hohen Kohlenstoffgehalt in der Atmosphäre, können aber nie wieder genutzt werden.

Abb. 39: **Erneuerbare Energiequellen**

Bioenergie	Holz und Energiepflanzen werden durch Verbrennung oder Weiterverarbeitung in Biotreibstoffe genutzt.
Solarenergie	Sonnenwärme wird zur Warmwasser- und Stromgewinnung genutzt.
Wasserkraft	Flüsse und die Gezeiten der Meere werden zur Stromgewinnung genutzt.
Windenergie	Windkraft wird zur Stromgewinnung genutzt.
Geothermie	Die Wärme aus dem Erdinneren wird zur Energiegewinnung und Heizung genutzt.

Atomenergie

Auch die Atomkraft erhält angesichts der allzu großen Abhängigkeit von Öl neue Bedeutung, obwohl auch die Uranvorräte begrenzt sind. Einige Länder setzen auch wegen der vereinbarten Reduzierung des Kohlendioxid-Ausstoßes auf den Ausbau dieser Energiequelle. Andere suchen angesichts der mit Nuklearenergie verbundenen Gefahren weiterhin nach geeigneten Alternativen. Österreich hat sich entschieden, auf Kernenergie völlig zu verzichten.

LandwirtIn als Energielieferant

Landwirte produzieren heute nicht nur Lebensmittel, sondern auch Energie. Die Versuche, etwa aus Raps Treibstoff zum Antrieb von Maschinen zu gewinnen, haben Erfolge gezeigt, doch gibt es noch weit effizientere Methoden. WissenschaftlerInnen arbeiten an der Gewinnung von Zellulose-Ethanol, das bei der Vergärung von Abfällen aus der Landwirtschaft – wie zum Beispiel Stroh – entsteht. Aus einer Tonne Stroh können rund 320 Liter Ethanol gewonnen werden. So vorteilhaft die Energiegewinnung durch die Landwirtschaft erscheint, so birgt sie doch auch eine Gefahr: Sollte für Landwirte das Produzieren von Energierohstoffen mehr Gewinne bringen als die Produktion von Lebensmitteln, könnte dies zu einer Verteuerung und Verknappung der traditionellen Agrarprodukte führen. In der EU wird vorerst nur ein sehr kleiner Teil der Anbauflächen für Energiepflanzen verwendet, außerdem gibt es viele brachliegende Felder für eine neue Nutzung. Die EU will den Anteil von aus Pflanzen erzeugtem Treibstoff (Ethanol und Agrodiesel) im an den Tankstellen verkauften Sprit schrittweise auf zehn Prozent und mehr erhöhen. Allerdings ist dieses Ziel umstritten.

Abb. 40: **Raps** wird zur Treibstoffgewinnung herangezogen, diese Alternative ist jedoch ineffizient

Energie sparen

Um das Energieproblem und den damit verbundenen Klimawandel zu bekämpfen, kann jeder Mensch etwas beitragen. Die Technische Universität Wien hat in einer Studie errechnet, dass jeder Haushalt 30 Prozent seiner Energie sparen könnte. Allein der Standby-Modus bei vielen elektronischen Geräten wie Fernseher oder Satanlage verschlingt fünf bis zehn

Prozent der verbrauchten Energie. Einer der größten Energieverbraucher in privaten Haushalten sind Klimaanlagen, die äußerst sparsam eingesetzt werden sollten. Auch eine Umstellung auf neue Haushaltsgeräte mit einer höheren Energieeffizienz bringt ein enormes Einsparungspotenzial. Die wohl größte Möglichkeit, Energie zu sparen, liegt im Verkehr. In den EU-Ländern hat der Verkehr mit rund einem Drittel den größten Anteil am gesamten Energieverbrauch. Die Umstellung auf sparsame Fahrzeuge und vor allem das Nutzen der öffentlichen Verkehrsmittel können den Energieverbrauch jedes einzelnen Menschen deutlich reduzieren.

So kann jede und jeder Energie sparen und den CO_2-Ausstoß reduzieren

- **Nutzung öffentlicher Verkehrsmittel.** Sie benötigen nur etwa sechs Prozent der Energie des Individualverkehrs. Sparsam sein mit Flugreisen, die unsere Umwelt besonders stark belasten.
- **Energiesparen im Haushalt.** Energieeffiziente Geräte nutzen (z. B. Kühlschrank, Waschmaschine), Standby-Modus abschalten, sparsame Nutzung von Klimaanlagen.
- **Heizen/Warmwasser.** Umstellung auf Sonnenenergie oder Erdwärme-Tauscher, Wärmedämmung bei Fassaden und dichtere Fenster mit Doppel- und Dreifachverglasung.

2.6 Globale Landwirtschaft

Ernährung

Die Landwirtschaft ist einer der sensibelsten Wirtschaftssektoren, weil es hier um die Ernährung geht und weil dieser Wirtschaftszweig den wichtigsten Rohstoff des Menschen produziert: das Essen. Aber gerade die Globalisierung setzt der Landwirtschaft sowohl in den ärmeren als auch in den reicheren Ländern zu. Allein die Entwicklung der Weltbevölkerung zeigt, dass die Nahrungsproduktion vor einer immensen Herausforderung steht. 6,6 Milliarden Menschen lebten zu Beginn des 21. Jahrhunderts auf dem Erdball, 2025 werden es voraussichtlich acht Milliarden sein. Sie alle müssen ernährt werden.

• • • • •

Alois A. hat sich immer schon mit dem Brotbacken beschäftigt. 1984 entwickelte er mit seiner Firma in der Nähe von Linz eine Backmischung, die einzigartig war: den „Kornspitz". Aus Getreide und weiteren Zutaten entstand eine der beliebtesten Backwaren Mitteleuropas. Nach der Übergabe an seinen Sohn Peter A. boomte das Geschäft weiter, der Kornspitz eroberte die Welt. Im Jahr 2000 belieferte das Unternehmen über 50 Länder in der ganzen Welt; in der Nähe von Moskau und in Richmond (USA) entstanden eigene Fabriken.

• • • • •

Lokale Versorgung

Durch günstigere Transportmittel hat sich die Agrarwirtschaft verändert. Aus Betrieben, die sich noch vor wenigen Jahrzehnten auf eine lokale Versorgung mit Nahrungsmitteln konzentriert haben, ist eine globale Wettbewerbsbranche geworden. Mangos aus Brasilien, Kiwis aus Neuseeland und Kartoffel aus Ägypten sind auch in heimischen Supermärkten keine Seltenheit mehr. Neue Anbau- und Düngemethoden haben die Produktion erhöht. Gleichzeitig könnte die Lebensmittelproduktion durch eine immer attraktiver werdende Produktion von Energiepflanzen interne Konkurrenz erhalten: Mit sinkenden Öl- und Gasreserven wird die Landwirtschaft nicht nur zum Produzenten von Nahrungsmitteln, sondern auch zum Energielieferanten (Agrosprit).

Abb. 41: **Die größten Agrar-Exporteure und -Importeure** (Quelle: WTO-Bericht „International Trade Statistics 2007")

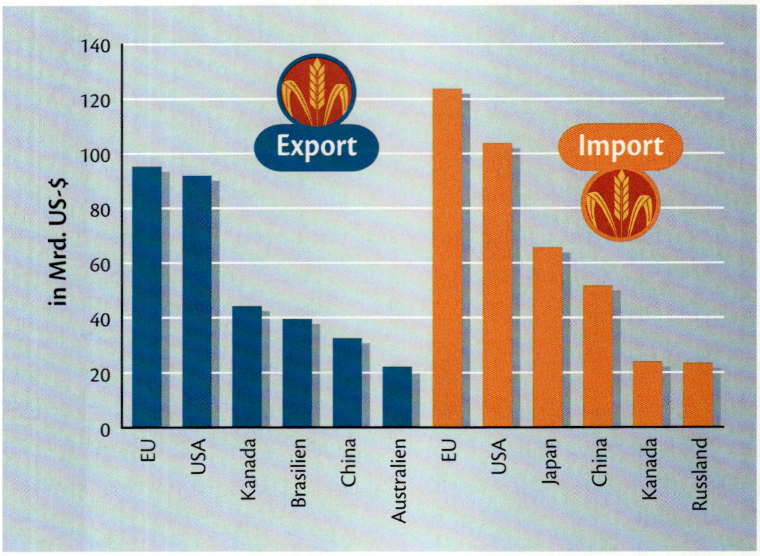

Die Landwirtschaft steht vor einem Umbruch, der alle bisherigen Grundlagen in Frage stellt. So haben die Europäische Union und die USA, aber auch viele andere Länder ihre Bäuerinnen und Bauern bisher in ein System von Subventionen und Produktionsvorgaben eingebunden, dessen oberstes Ziel es war, genügend Nahrungsmittel zu produzieren. Außerdem sollte die Existenz der landwirtschaftlichen Betriebe gesichert und der ländliche Raum als lebenswerte Region erhalten werden.

Die Agrarpolitik der EU

Um die Versorgung mit Lebensmitteln sicherzustellen, haben die europäischen Länder gemeinsam eine Agrarpolitik entwickelt, die lange dafür gesorgt hat, dass die Preise für Lebensmittel niedrig blieben, die Qualität relativ hoch und das Einkommen der in der Landwirtschaft tätigen Menschen gesichert war.

Einige Maßnahmen der EU-Agrarpolitik sind:

- Steuerung des Angebots durch Produktionsquoten und Subventionen
- Direktzahlungen an landwirtschaftliche Betriebe als Ausgleich für Preissenkungen
- Förderung ökologischer Anbaumethoden
- Ausgleichszahlungen für benachteiligte Gebiete (z. B. Bergbauernregionen)
- Unterstützung von Investitionen für eine bessere Wettbewerbsfähigkeit
- Zölle auf gewisse Agrarprodukte aus Nicht-EU-Ländern
- Förderung des Exports
- Hilfe für die Ansiedlung von Betrieben im ländlichen Raum

Subventionen für die Landwirtschaft

Ihre umfangreiche Unterstützung der Landwirtschaft hat sowohl den USA als auch den europäischen Staaten Kritik eingebracht. Vor allem jene Drittstaaten, die mit den Produzenten aus den reicheren Ländern nicht mithalten konnten, fühlten sich diskriminiert. Die in Europa und den USA produzierten Rohstoffe zur Erzeugung von Nahrungsmitteln wie Weizen, Mais oder Milchprodukte wurden subventioniert und konnten deshalb am Weltmarkt billiger verkauft werden. Dadurch blieb auch der Weltmarktpreis auf niedrigem Niveau. Verlierer waren Bäuerinnen und Bauern in ärmeren Ländern, die nicht von staatlichen Hilfen profitierten, denn sie konnten mit der weltweiten Konkurrenz und deren niedrigen Preisen nicht mithalten. Im Rahmen der Verhandlungen der Welthandelsorganisation WTO sollen deshalb die Agrarsubventionen weiter abgebaut und faire Bedingungen für alle Produzenten geschaffen werden. Ziel muss sein, auch in ärmeren Ländern eine wirtschaftliche Basis für eine Versorgungssicherheit herzustellen.

Ziele der WTO für die Landwirtschaft

- Reduktion von Preisstützungen und Exportförderungen, um einen fairen, vergleichbaren Preis für Agrarprodukte zu gewährleisten
- Abbau von Zöllen, um einen freien Weltmarkt für Agrarprodukte zu schaffen
- Reduzierung des staatlichen Einflusses auf Betriebe

Obwohl die Öffnung des Weltmarkts für Agrarprodukte logisch erscheint, birgt dies auch manche Risiken in sich. Denn die subventionierten Landwirtschaftsbetriebe etwa in Europa haben auch dazu beigetragen, dass die Qualität gut und die Preise erschwinglich waren. Eine härter werdende Konkurrenz und der damit verbundene Preisdruck könnten hingegen die Qualität mindern.

Verzerrte Baumwolle

Die USA sind der größte Baumwollexporteur der Welt. Ihre Produktion in den Südstaaten wie Texas wird mit staatlichen Mitteln massiv gefördert (2004 waren es beispielsweise rund vier Milliarden US-Dollar). Ohne diese Förderung hätten die USA am Weltmarkt keine Chance. In Burkina Faso kostet die Produktion von einem Pfund Baumwolle laut International Cotton Advisory Committee nur 0,21 US-Dollar, in den USA hingegen 0,73 US-Dollar. Dennoch haben die Baumwollproduzenten aus Burkina Faso keine Chance, denn die USA beeinflussen mit ihren Förderungen den Weltmarktpreis für Baumwolle und sorgen dafür, dass nur ihre Produzenten konkurrenzfähig sind.

Förderung des ländlichen Raumes

Ein Ausweg aus diesem Dilemma ist, die Form der Unterstützung für die Landwirtschaft zu ändern: Die EU setzt schrittweise auf einen Abbau der sogenannten Direktförderungen. Statt die Förderung an die Produktion zu koppeln, werden jene Betriebe unterstützt, die nicht nur einen Beitrag für die Ernährung leisten, sondern auch für den Erhalt von Kulturlandschaften sorgen. Der Markt wird weit weniger verzerrt, wenn statt der Produkte der ländliche Raum gefördert wird. Immerhin leben rund 60 Prozent der EU-Bevölkerung in ländlichen Gebieten. Ziel ist, dass es sich die europäische Landwirtschaft leisten kann, statt auf Massenproduktion auf Qualität zu setzen. Dies soll etwa durch Förderung des ökologischen Anbaus erreicht werden.

Abb. 42: **Landwirte** sorgen für den Erhalt von Kulturlandschaft

Verantwortung der KonsumentInnen

Die Verantwortung liegt immer stärker bei den KonsumentInnen: Sie müssen entscheiden, ob sie preisgünstige, mindere Qualität kaufen oder bereit sind, für Produkte mit höherer Qualität teilweise mehr Geld als bisher auszugeben. Die KonsumentInnen sollten vor allem beachten, woher ein Agrarprodukt kommt und ob es nicht aus der eigenen

Region gleichartige oder sogar qualitativ bessere Erzeugnisse zu ähnlichen Preisen gibt. Denn die langen Transportwege führen dazu, dass es zu unnötigen Umweltbelastungen und Qualitätsminderungen der verkauften Produkte kommt.

Bioprodukte

Letztlich bestimmen die KonsumentInnen alles – auch die künftige Agrarpolitik. Es ist beispielsweise den Bedürfnissen der KonsumentInnen zu verdanken, dass in Europa immer mehr landwirtschaftliche Betriebe auf Bioprodukte umstellen. So entstehen nicht nur Lebensmittel mit hoher Qualität, auch die Umweltbelastung etwa durch künstliche Dünger wird reduziert. Und bei Bioprodukten wird, obwohl das innerhalb der Europäischen Union bereits teilweise erlaubt ist, auf gentechnisch veränderte Agrarpflanzen verzichtet.

Für eine ökologische Landwirtschaft gibt es mehrere Auflagen. Unter anderem sind dies:

- Erhaltung und Verbesserung der Bodenfruchtbarkeit durch organische Düngung und schonende Bodenbearbeitung
- Vielseitige Fruchtfolgen mit standortangepassten Sorten
- Artgerechte Tierhaltung mit Auslauf und Weidegang
- Limitierte Zufuhr von Betriebsmitteln von außen und ein geringer Einsatz an Fremdenergie, damit ein möglichst geschlossener Betriebskreislauf besteht
- Verzicht auf chemisch-synthetische Lager- und Pflanzenschutzmittel
- Verzicht auf Betriebsmittel, die unter Zuhilfenahme der Gentechnik hergestellt wurden

Abb. 43: **Ökologische Landwirtschaft** – Anteil an der gesamten Agrarfläche 2005 (Quelle: Eurostat „News release 80/2007"; *Nationale Angaben)

Österreich	16,0%*
Schweiz	11,0%*
Italien	8,4%
Tschechien	7,2%
Niederlande	2,5%
Deutschland	4,7%
Großbritannien	3,8%
Frankreich	2,0%

2.7 Das Entstehen weltweit tätiger Konzerne

Internationale Großkonzerne entstehen

Der Wegfall von Zöllen und Einfuhrbeschränkungen macht es vor allem für Großkonzerne leichter, weltweit zu operieren. Diese multinationalen Unternehmen gründen Tochterbetriebe auf allen Kontinenten. Die größten von ihnen kommen mit ihren Gesamtumsätzen an das Bruttonationalprodukt (BNP) einzelner Staaten heran. So liegt die US-amerikanische Supermarktkette Wal-Mart mit einem Jahresumsatz von 279 Milliarden Euro (2006) vor dem BNP Österreichs mit 256 Milliarden Euro. Der größte Automobilkonzern der Welt, das

US-Unternehmen General Motors, erzielte einen weltweiten Umsatz von 165 Milliarden Euro, das ist mehr als die gesamte Wirtschaftsleistung der Tschechischen Republik und Kolumbiens zusammengenommen. British Petroleum (BP) liegt mit einem Umsatz von 218 Milliarden Euro noch vor der gesamten Wirtschaftsleistung von Afrika südlich der Sahara (ohne Südafrika).

Wal-Mart – groß und beinhart

Als Sam Walton 1962 sein kleines Geschäft für Lebensmittel in Bentonville im US-Bundesstaat Arkansas aufsperrte, dachte er wohl nicht im Traum daran, dass seine Erben einmal ein Vermögen von über 90 Milliarden US-Dollar anhäufen würden und seine Firma mit 350 Milliarden US-Dollar (2007) die umsatzstärkste der Welt werden könnte. Weltweit gibt es über 5000 Supermärkte von Wal-Mart, wo nach Werbeslogans „alles stets billiger" ist. Der Erfolg hat mehrere Ursachen: Es sind nicht bloß niedrige Preise, aggressive Werbung und ein ausgeklügeltes Logistiksystem, das die Belieferung jeder Filiale oft mehrmals täglich sicherstellt. Kaum ein anderes Handelsunternehmen kann durch seine Größe die Lieferanten so wirkungsvoll zu niedrigen Preisen zwingen. Das Unternehmen hat 1,6 Millionen Beschäftigte, die mehrheitlich als schlecht bezahlt gelten. Gewerkschaften sind in den Supermärkten verboten, sobald sich Angestellte dagegen auflehnen, wird mit der Schließung der betroffenen Filiale gedroht.

Abb. 44: **Wal-Mart** Supermarkt

Große Weltkonzerne

Die 200 größten Weltkonzerne wuchsen in den 1980er- und 1990er-Jahren rascher als die Weltwirtschaft, vor allem weil sie mit anderen Unternehmen fusionierten. In den ersten Jahren des neuen Jahrtausends entsprachen ihre Gesamtumsätze fast einem Drittel der Weltwirtschaftsleistung (BIP). Die Zahl ihrer Beschäftigten macht dagegen nur knapp ein Prozent aller Arbeitskräfte der Welt aus.
Ein Blick auf die 20 größten Konzerne der Welt zeigt eine starke Konzentration auf den Energie- und Automobilsektor, Handelsketten und Banken.

Abb. 45: **Die 20 größten Unternehmen der Welt** nach Umsatz in Mio. US-Dollar (Quelle: Fortune Global 500, 2007)

Rang	Unternehmen (Staat)	Umsatz (Mio. US-$)
1	Wal-Mart Stores (USA)	351 139,0
2	Exxon Mobil (USA)	347 254,0
3	Royal Dutch Shell (NL/GB)	318 845,0
4	BP (GB)	274 316,0
5	General Motors (USA)	207 349,0
6	Toyota Motor (Japan)	204 746,4
7	Chevron (USA)	200 567,0
8	DaimlerChrysler (D/USA)	190 191,4
9	ConocoPhillips (USA)	172 451,0
10	Total (F)	168 356,7
11	General Electric (USA)	168 307,0
12	Ford Motor (USA)	160 126,0
13	ING Group (NL)	158 274,3
14	Citigroup (USA)	146 777,0
15	AXA (F)	139 738,1
16	Volkswagen (D)	132 323,1
17	Sinopec (China)	131 636,0
18	Crédit Agricole (F)	128 481,3
19	Allianz (D)	125 346,0
20	Fortis (B/NL)	121 201,8

Die multinationalen Konzerne treten sehr selbstbewusst als weltweit agierende Akteure auf. Über gezieltes „Lobbying" (Einflussnahme) bei einzelnen Regierungen und internationalen Organisationen gelingt es ihnen, ihre Interessen zu wahren und oft auch ihre Anliegen durchzusetzen. Die Machtposition dieser Riesen kann von nationalen Regierungen kaum mehr beeinflusst werden. In der EU versucht die Kommission als Hüterin des freien Wettbewerbs, unfaire Praktiken der „Multis" abzustellen: Durch eine strenge Kontrolle über Fusionen und Firmenübernahmen wird die Bildung von marktbeherrschenden Monopolen bekämpft.

In den 1990er-Jahren kam es zu einem starken Anstieg von Firmenzusammenschlüssen: Fanden 1991 noch Firmen-Hochzeiten mit Kaufsummen von „nur" 81 Milliarden US-Dollar statt, waren es am Höhepunkt der Übernahmewelle im Jahr 2001 insgesamt 1144 Milliarden. 2005 wurden für Zusammenschlüsse nur mehr 716 Milliarden US-Dollar ausgegeben.

Abb. 46: **Entwicklung der Fusionen und Übernahmen weltweit** (Daten aus: UNCTAD „Cross-border-merger")

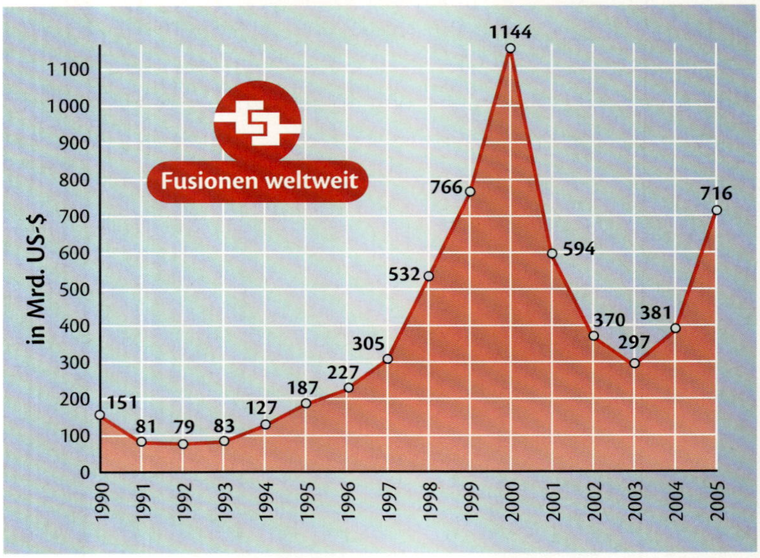

Fusionen Fusionen verstärkten zwar die Macht der wichtigsten Konzerne, dennoch brachten sie ihnen auch neue Probleme. Der Zusammenschluss des deutschen Autokonzerns Daimler Benz (Mercedes) mit dem US-Konzern Chrysler ist ein warnendes Beispiel dafür. Der amerikanisch-europäische Riese stieg zwar zum drittgrößten Autoproduzenten der Welt auf, aber die unterschiedliche Firmenkultur sorgte für einige Reibereien. Der Absatz von Mercedes-Limousinen ging zurück und Chrysler konnte am großen amerikanischen Automarkt mit den sehr flexiblen japanischen Konkurrenten nicht mithalten und machte Verluste.

Das Fusionsfieber spielte sich aber nicht nur in Europa oder den USA ab. Der indische Stahlbaron Lakshmi Mittal kaufte weltweit Betriebe auf, so etwa den Luxemburger Konzern Arcelor. Damit stieg das indische Unternehmen 2007 zum weltweit größten Stahlproduzenten auf. Ein weiterer indischer Konzern, Tata, erwarb Ende 2007 vom US-Autoriesen Ford die britischen Marken Jaguar und Landrover.

Monopol Die global bedeutendsten Konzerne haben in einzelnen Sektoren wie im Pharmabereich beinahe eine Monopolposition erlangt. Derartige Monopole verhindern aber wegen ihrer Vormachtstellung einen fairen Wettbewerb.

Globale Absatzmärkte

Die Gründe für das Entstehen weltweit operierender Unternehmen sind vielschichtig. Oft sind es gebündelte Anstrengungen einer gemeinsamen Forschungszentrale, die groß genug ist, um kostengünstig neue Produkte für den Markt zu entwickeln. Dann winken Preisvorteile durch große Bestellungen im Einkauf. Einer der wichtigsten Gründe ist die weltweite Suche nach KonsumentInnen. Die meisten Konzerne haben in erster Linie nicht die Produktion in Billiglohnländern im Auge, sondern die Eroberung eines zusätzlichen Absatzmarkts.

Inzwischen ist eine politische Gegenbewegung zu den ungebremsten Fusionen entstanden. Es begann damit, dass sich innerhalb der EU einige Firmen mithilfe nationaler Regierungen gegen unerwünschte Kaufangebote (feindliche Übernahmen) von Firmen aus anderen EU-Staaten – vor allem im Energie- und Bankenbereich – zur Wehr setzten. Bei den Wettbewerbshütern in der EU-Zentrale schrillten daraufhin die Alarmglocken, schließlich schien eine der vier „Grundfreiheiten" des europäischen Binnenmarkts, der freie Verkehr von Kapital, direkt bedroht zu sein.
Zwar wurden Versuche, Fusionen innerhalb der Europäischen Union politisch zu bremsen, von den Wettbewerbshütern in Brüssel verurteilt, aber nach außen wurde mit der Einrichtung von Schutzmechanismen begonnen: Das Ziel ist, wichtige Schlüsselindustrien wie etwa den Energiesektor vor zu starkem Einfluss aus Ländern wie Russland, die selber den Verkauf ihrer Unternehmen ans Ausland unterbinden, zu schützen. In den USA wurden ähnliche Vorkehrungen getroffen: Als strategisch wichtig eingestufte Unternehmen sollen vor Verkauf an ausländische Investoren bewahrt werden. So wurde einer chinesischen Firma der Kauf eines Seehafens in den USA untersagt.

Das Imperium von Bill Gates

In Kalifornien war es der Computer-Pionier Bill Gates, der mit der Softwarefirma Microsoft ein weltweites Imperium aufziehen konnte. Sein privates Vermögen wird auf 50 Milliarden US-Dollar geschätzt. Fast 90 Prozent aller verkauften Computer werden mit der von Microsoft stammenden Software ausgestattet. Gates hat sich eine monopolähnliche Stellung geschaffen, die sehr umstritten ist. Denn alternative Anbieter von Software, die Elemente des Betriebssystems – wie etwa den Windows Media Player – ersetzen könnten, wurden von Gates mit technischen Mitteln isoliert.

Agrarriesen

Auch im Agrarbereich dominieren längst große Konzerne. Der US-Saatgutproduzent Pioneer beliefert Landwirte rund um den Erdball. Die zehn weltweit größten Agrarfirmen kontrollieren ein Drittel des Saatguthandels und 80 Prozent des Geschäfts mit Dünge- und Pflanzenschutzmitteln. Die US-Firma Monsanto stellt unter anderem Hormone für die Viehzucht her, darunter das umstrittene BST, das Kühe zu erhöhter Milchproduktion bringt. Ein Teil des in der EU untersagten Hormonpräparats wurde in einem Tochterunternehmen in Tirol hergestellt und von dort in alle Welt versandt. Auch europäische Firmen mischen im weltweiten Agrobusiness mit, wie etwa das französische Unternehmen Danone oder der Schweizer Nestlé-Konzern, der seine Produkte – von Nescafé über Maggi-Suppen bis zu Mineralwässern – weltweit verkauft.

Kurzfristige Gewinne

Wenngleich es auch positive Ausnahmen gibt, ist die Strategie vieler großer Konzerne vor allem auf kurzfristige Gewinnmaximierung ausgelegt. Die Interessen der Aktionäre, der „shareholder value“, stehen im Vordergrund, und um Jahresergebnisse zu verbessern, wird manchmal auch getrickst. So hat sich etwa der radikale Abbau von Arbeitsplätzen als zweifelhafte Möglichkeit herausgestellt, den Aktienkurs künstlich in die Höhe zu treiben. Mit weniger Arbeitskräften ist dann oft entweder die Qualität oder die Produktivität nicht mehr aufrechtzuerhalten. Die ChefmanagerInnen seien zwar äußerst gut entlohnt, könnten von der Öffentlichkeit für schlechte Entscheidungen aber selten verantwortlich gemacht werden, kritisierte der US-Ökonom und Nobelpreisträger Joseph Stiglitz.

Langfristige Ziele

Einige weltweit agierende Konzerne haben langfristige Ziele im Auge, von denen auch ihre Arbeitskräfte und deren Familien profitieren. So finanziert etwa der Lebensmittelhersteller Nestlé ein Grundschulprogramm in Mexiko, Brasilien, Thailand und an der Elfenbeinküste. Viele Konzerne betreiben interne Schulungsprogramme, in denen sie ungelernte ArbeiterInnen zu Fachkräften ausbilden. Natürlich haben sie als Unternehmer Interesse an möglichst niedrigen Löhnen, doch cleveren ManagerInnen ist auch bewusst, dass der Lohn nur eine Komponente des Erfolgs ist. Um die Produktivität in den Betrieben zu erhöhen, benötigen sie gut ausgebildetes, gesundes und motiviertes Personal.

Pharmakonzerne

Wie kaum eine andere Branche wurde die Pharmaindustrie vom Fusionsfieber erfasst. Noch in den 1970er-Jahren bestimmten die 20 größten Firmen nur etwa fünf Prozent des weltweiten Handels mit Arzneimitteln, 2002 waren es bereits mehr als 75 Prozent. Allein die zehn größten Pharmakonzerne kontrollieren heute fast 60 Prozent des 350 Milliarden US-Dollar schweren Marktes. Nummer 1 ist die US-Firma Pfizer, europäische Firmen wie Glaxo, Sanofi-Aventis und Novartis rangieren auf den Plätzen drei, vier und fünf. Negative Schlagzeilen machten Pharmakonzerne 2006, als sie sich weigerten, Medikamente gegen AIDS zu niedrigeren Preisen in afrikanische Länder zu liefern.

Abb. 47: **Die fünf größten Pharmaunternehmen**, nach Jahresumsatz in Mrd. US-Dollar (Quelle: Bloomberg Firmenangaben 2005)

Rang	Unternehmen (Staat)	Umsatz (Mrd. US-$)
1	Pfizer (USA)	51,3 Mrd. $
2	Johnson & Johnson (USA)	50,5 Mrd. $
3	Glaxo Smithkline (GB)	39,4 Mrd. $
4	Sanofi-Aventis (F)	33,9 Mrd. $
5	Novartis (CH)	32,2 Mrd. $

Musik im weltweiten Rhythmus

Auf dem internationalen Musikmarkt geben fünf multinationale Unternehmen den Takt vor. Die Universal Music Group (USA) deckte lange ein Viertel des weltweiten Umsatzes von rund 34 Milliarden US-Dollar ab, doch wurde sie durch die Fusion von BMG Entertainment/Bertelsmann (Deutschland) mit Sony Music (Japan) vom ersten Platz verdrängt. Danach folgen EMI (Großbritannien) und Warner Music Group (USA). Zusammen machen sie 75 Prozent des weltweiten Umsatzes mit Tonträgern aus und sorgen dafür, dass etwa Popmusikgruppen, aber auch InterpretInnen von klassischer Musik oder Jazz in allen Kontinenten zu hören sind. Während der Verkauf von Tonträgern seit Jahren zurückgeht, wird das kostenpflichtige Herunterladen von Musik im Internet immer wichtiger. Illegales Kopieren soll durch Strafen und technische Methoden zurückgedrängt werden.

Abb. 48: **Global Players der Musikbranche** – Unternehmensumsätze 2003 in US-Dollar (Daten aus: Int. Federation of the Photographic Industry, www.medienmaerkte.de, 06/2006)

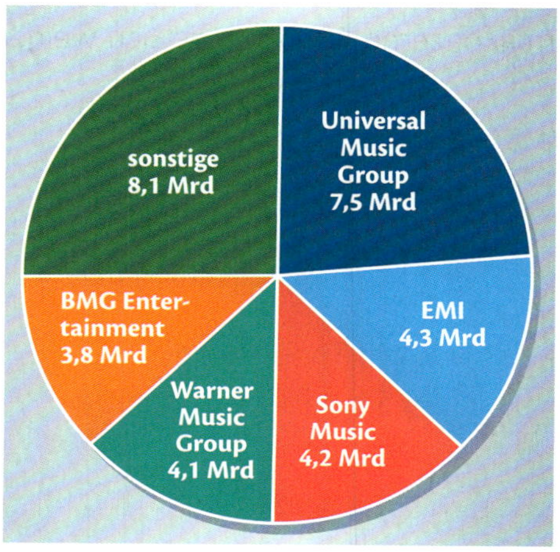

Selbsttest und Übungsaufgaben zu Kapitel 2 „Wirtschaftliche Globalisierung“

Versuchen Sie, die folgenden Aussagen mithilfe des Buches zu überprüfen. Schreiben Sie spontan Ihre eigene Ansicht zu diesem Thema auf.

▶ Aussage 1:

Wirtschaftswachstum kann durch einen größeren Markt und durch technologische Entwicklung erreicht werden.

Ist das wahr? ○ **ja** ○ **nein** ○ **sowohl als auch**

Begründung ....

....

Wenn Sie die Chance sehen würden, ein Unternehmen zu gründen, worauf würden Sie sich gerne spezialisieren und warum?

....

....

Internetaufgabe

Für Österreich: Schauen Sie auf die Homepage der Wirtschaftskammer Österreich http://portal.wko.at/wk/startseite.wk und beschreiben Sie ein aktuelles Thema für österreichische Firmen. Sehen Sie unter der Rubrik „Jungunternehmer“ nach und fassen Sie zusammen, welche Hilfen es hier gibt.

Für Deutschland: Schauen Sie auf die Homepage des Deutschen Industrie- und Handelskammertags http://www.dihk.de und beschreiben Sie ein aktuelles Thema für deutsche Firmen. Sehen Sie unter der Rubrik „Starthilfe und Unternehmensförderung“ nach und fassen Sie zusammen, welche Hilfen es hier gibt.

• • • • •

▶ Aussage 2:

Die EU wird als Industriestandort immer unattraktiver: Das Lohnniveau ist viel zu hoch. China und Indien werden die EU als Industriemacht bis zum Jahr 2030 weit überholt haben.

Ist das wahr? ○ **ja** ○ **nein** ○ **sowohl als auch**

Begründung ....

....

Was müsste die EU tun, um wettbewerbsfähig zu bleiben? ....

....

Internetaufgabe

Internetaufgabe: Gehen Sie auf die Homepage der EU zum Thema Handel: http://www.europa.eu/pol/comm/index_de.htm. Suchen Sie Informationen über die Beziehungen zu China und fassen Sie diese zusammen.

• • • • •

▶ Aussage 3:

Die Verlagerung von Arbeitsplätzen in Billiglohnländern ist eine Einbahnstraße, jeder verlorene Arbeitsplatz fehlt künftig. Es gibt keinen Ersatz.

Ist das wahr? ○ **ja** ○ **nein** ○ **sowohl als auch**

Begründung ……………………………………………………………………………………

……………………………………………………………………………………

Welche Wirtschaftsbereiche waren von der Arbeitsplatzverlagerung hauptsächlich betroffen?

……………………………………………………………………………………

……………………………………………………………………………………

Internetaufgabe

Internetaufgabe: Gehen Sie auf die Homepage der Schuhfirma Gallus www.gallus.com und beschreiben Sie die Wechsel der Eigentümer und die Firmenphilosophie.

• • • • •

▶ Aussage 4:

Fast alle komplexen Produkte wie Autos oder Flugzeuge werden längst nicht mehr in einem einzigen Land hergestellt, sondern ihre Komponenten kommen aus vielen Teilen der Welt.

Ist das wahr? ○ **ja** ○ **nein** ○ **sowohl als auch**

Begründung ……………………………………………………………………………………

……………………………………………………………………………………

Welche Vor- und Nachteile bringt das „Outsourcing" genannte Verlagern eines Produktionsstandortes in ein Land mit niedrigen Löhnen? Welche Risiken bestehen dabei?

……………………………………………………………………………………

……………………………………………………………………………………

Internetaufgabe

Besuchen Sie die Internetseite von Clean Clothes http://www.oneworld.at/cck/start.asp und fassen Sie eine der aktuellen Meldungen von der Startseite kurz zusammen.

• • • • •

▶ Aussage 5:

Freihandelszonen wie die EU bringen zwar intern Vorteile, für Regionen wie Afrika sind wirtschaftliche Gemeinschaften, die am Weltmarkt geschlossen auftreten, aber ein Problem.

Ist das wahr? ○ **ja** ○ **nein** ○ **sowohl als auch**

Begründung ……………………………………………………………………………………

……………………………………………………………………………………

Internetaufgabe

Gehen Sie auf die Homepage der Welthandelsorganisation WTO www.wto.org und suchen Sie eine Ihrer Meinung nach wichtige Statistik zu Ihrem eigenen Land. Beschreiben Sie diese.

• • • • •

▶ Aussage 6:

Die USA verbrauchen pro Person doppelt so viel Energie wie die EU-Staaten.
Ist das wahr? ○ **ja** ○ **nein** ○ **sowohl als auch**

Begründung ....

....

Welche erneuerbaren Energiequellen kennen Sie, welchen würden Sie den Vorrang geben?

....

....

Internetaufgabe

Besuchen Sie die Homepage der Internationalen Energie Agentur IEA http://www.iea.org/: Suchen Sie nach einem Umweltaspekt der künftigen Energiepolitik und beschreiben Sie ihn.

• • • • •

▶ Aussage 7:

Die europäische Landwirtschaft wird subventioniert, um damit die Versorgung mit Lebensmitteln zu sichern und den ländlichen Raum zu stärken.
Ist das wahr? ○ **ja** ○ **nein** ○ **sowohl als auch**

Begründung ....

....

Welchen Einfluss üben die KonsumentInnen auf die Qualität von Agrarprodukten aus?

....

....

Internetaufgabe

Besuchen Sie die Internetseite der Food and Agriculture Organization of the United Nations www.fao.org: Finden Sie Beispiele für die Unterstützung der Landwirtschaft in Entwicklungsländern durch die FAO und beschreiben Sie diese kurz.

• • • • •

► Aussage 8:

Internationale Konzerne machen rund ein Drittel der Weltwirtschaftskraft aus.
Ist das wahr? ○ **ja** ○ **nein** ○ **sowohl als auch**

Begründung ....

....

Wer trägt Ihrer Ansicht nach mehr zur weltweiten Beschäftigung bei, Weltkonzerne oder Klein- und Mittelbetriebe? Wer schafft mehr Arbeitsplätze?

....

....

Internetaufgabe

Besuchen Sie die Homepage eines multinationalen Konzerns, z.B. Nestlé, www.nestle.com, oder IBM, www.ibm.com, und bewerten Sie, inwieweit der Webauftritt ein weltweites Publikum anspricht. Welche Neuigkeiten präsentiert der Konzern auf seiner Rubrik „News" oder „Press Releases"?

3. Die globalen Organisationen

Warum nicht gemeinsam versuchen, was allein nicht funktioniert? Die globalen Organisationen wären eigentlich die Hoffnungsträger für eine gerechtere Welt. Doch ihr Handlungsspielraum ist nur so groß, wie es ihre Mitglieder zulassen, und ihre Einflussnahme spiegelt nicht immer das Interesse aller Menschen wider, sondern oft nur jenes der mächtigen Gruppen. Der Eindruck von den für die Globalisierung wichtigen Institutionen ist wohl auch deshalb zwiespältig. Die Weltwirtschaftsorganisation WTO, die Weltbank, der Internationale Währungsfonds und auch die Vereinten Nationen verfolgen zwar hohe Ziele, aber nicht immer erreichen sie diese. Zu oft blockieren Einzelinteressen von Nationalstaaten oder internationalen Konzernen ein gemeinsames Vorgehen. Dennoch: Eine gerechtere Welt, die neue globale Herausforderungen dafür nutzt, mehr Menschen eine ökonomisch faire Lebensbasis und Frieden zu bieten, kann nur durch alle Staaten gemeinsam erreicht werden.

Die Weltwirtschafts-Institutionen

Bretton Woods

Als sich das Ende des Zweiten Weltkriegs abzeichnete, setzten die Vereinten Nationen (UNO) im Juni 1944 im US-amerikanischen Ort Bretton Woods eine Konferenz an. Delegierte aus mehr als 40 Ländern berieten über eine neue Weltwirtschaftsordnung und darüber, wie Fehlentwicklungen, die zu Börsenkrachs, Geldentwertung und wirtschaftlichem Niedergang geführt hatten, in Hinkunft vermieden werden könnten.

In einem neuen Vertragswerk wurden folgende Ziele vereinbart:

- Schaffung fester Wechselkurse
- Konvertierbare (umwechselbare) Währungen
- Goldeinlösepflicht für die Leitwährung, den US-Dollar (Die US-Notenbank sagte zu, Banknoten gegen ihre Goldreserven einzutauschen, wobei 35 US-Dollar dem Wert einer Unze – 31 Gramm – Feingold entsprachen.)
- Förderung des Welthandels
- Kredite an ärmere Staaten

Dazu wurden drei neue Institutionen geschaffen, die 1944 bzw. 1947 (GATT) ihre Arbeit aufnahmen:

Die Weltbank (Worldbank, ursprünglich: International Bank for Reconstruction and Development) sorgt hauptsächlich für die Kreditvergabe an Entwicklungsländer. Ihr Hauptsitz liegt in Washington DC.

Der Internationale Währungsfonds (IWF) – International Monetary Fund – soll sich um eine neue Ordnung der Währungen kümmern und vor allem die so katastrophalen Geldentwertungsspiralen der Zwischenkriegszeit vermeiden helfen. Sein Sitz ist ebenfalls in Washington DC.

Das Allgemeine Abkommen für Zoll und Handel (General Agreement on Tariffs and Trade – GATT) sollte Regeln für eine neue Welthandelsordnung mit einem Abbau von Zöllen und Handelshemmnissen erstellen. 1995 wurde daraus die World Trade Organization – WTO. Ihr Sitz ist in Genf (Schweiz).

Abb. 49: **Institutionensystem von Bretton Woods** (Quelle: Peter E. Fässler: Globalisierung. Böhlau, UTB 2007)

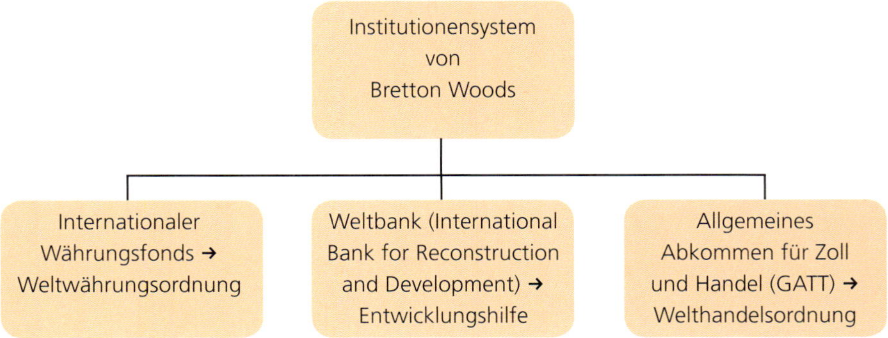

3.1 Die Weltbank

Die in Washington DC angesiedelte Weltbank funktioniert im Prinzip wie ein normales Geldinstitut, nur sind ihre Aktionäre 185 Länder, die je nach ihrer Wirtschaftsleistung Anteile halten. Die fünf größten Geldgeber sind Deutschland, Frankreich, Großbritannien, Japan und die USA, wobei in der Regel ein US-Amerikaner zum Präsidenten der Weltbank gewählt wird. Die USA sicherten sich einen starken Einfluss auf Weltbank und IWF, indem sie die Stimmrechte an die Beitragszahlungen koppelten – aufgrund der wirtschaftlichen Leistung verfügen die USA über die höchsten Stimmanteile (derzeit rund 17 Prozent).

Kredite an Entwicklungsländer

Die Weltbank gewährt vorwiegend ärmeren Staaten Kredite im Ausmaß von über 20 Milliarden US-Dollar jährlich, allerdings unter strengen Auflagen. Die Hauptziele – die Verringerung der weltweiten Armut und die Förderung der wirtschaftlichen Entwicklung – sollen beispielsweise durch Aufbau der Infrastruktur (Elektrizitätswerke, Verkehrsanlagen etc.) erreicht werden. Auch die Modernisierung der landwirtschaftlichen Produktion wird gefördert. Eine Teilinstitution der Weltbankgruppe unterstützt auch Projekte privater InvestorInnen.

Die Regierungen der Entwicklungsländer erhalten Empfehlungen, wobei der Aufbau rechtsstaatlicher Strukturen und der Kampf gegen Korruption im Vordergrund stehen. Einmal im Jahr, im Herbst, findet das Treffen der Finanzminister aller Mitgliedsländer der Weltbank in Washington DC statt. Dabei werden neue Leitlinien für die Programme entworfen.

Erfolgsmodell Bangladesch

Dass Bangladesch als eines der ärmsten Länder der Welt schon im Jahr 2015 zu den Ländern mit mittlerem Einkommen (sogenannte MICs – medium income countries) aufschließen soll, liegt in hohem Ausmaß an Förderprogrammen der Weltbank. Von den frühen 1990er-Jahren bis zum Jahr 2007 sind die Armutsrate um ein Viertel und die Kindersterblichkeit um die Hälfte reduziert worden. Durch die Förderung kleiner und mittlerer Betriebe wurden viele neue Arbeitsplätze geschaffen, und Bangladeschs Exporte haben sich seit 1990 mehr als verdreifacht. Nicht nur die dort ansässigen internationalen Textilproduktionen, sondern auch die Vergabe von Kleinstkrediten an handwerkliche Kooperativen haben vielen

BewohnerInnen von Bangladesch zu regelmäßigen Einkommen verholfen. Die Weltbank hat für den Zeitraum 2006 bis 2009 rund drei Milliarden US-Dollar für Förderprogramme in Bangladesch reserviert.

Kritik an der Weltbank

Einige Programme der Weltbank lösten aber auch Kritik aus. Dazu gehörten zum Beispiel Kredite für Staudamm-Projekte, die umweltpolitisch bedenklich waren – etwa der Pak Mun-Damm in Thailand, der ein Fischsterben auslöste. Auch die lange Konzentration auf die Förderung der fossilen Energie stieß auf Ablehnung. Außerdem führten die Empfehlungen, staatliche Subventionen für Nahrungsmittel oder andere wichtige Konsumgüter zu reduzieren, oft zu Unruhen und Hungerrevolten. Die unkontrollierte Privatisierung von öffentlichen Dienstleistungen wiederum löste Preissteigerungen aus, wodurch sich ärmere Bevölkerungsschichten zum Beispiel plötzlich die medizinische Grundversorgung nicht mehr leisten konnten.

Misserfolg in Argentinien

Die Militärregierung in diesem rohstoffreichen südamerikanischen Land hinterließ ihren zivilen Nachfolgern einen gewaltigen Schuldenberg. In den 1990er-Jahren gaben Weltbank und IWF gut gemeinte Ratschläge, woraufhin die argentinische Regierung fast alle öffentlichen Dienstleistungen privatisierte und diese der Konkurrenz am Weltmarkt öffnete. Die neuen Besitzer argentinischer Banken stoppten die Kreditvergabe an kleinere Betriebe. Wegen des steigenden US-Dollars, an den die argentinische Währung gekoppelt war, wurden argentinische Waren am Weltmarkt schlagartig teurer. Das Land schlitterte in eine Rezession, die Arbeitslosigkeit stieg auf 25 Prozent, dazu kam es zu einer massiven Geldabwertung. Im Jahr 2001 brachen blutige Unruhen aus. Doch Weltbank und IWF wussten keinen anderen Rat, als weitere Kürzungen bei den staatlichen Ausgaben zu fordern, was den Wirtschaftsabschwung nur noch verstärkte. Erst nach einer Kursänderung erholte sich Argentiniens Wirtschaft und befindet sich heute wieder im Aufschwung.

3.2 Der Internationale Währungsfonds

Der IWF wurde 1944 gegründet, um als eine Art Sheriff darüber zu wachen, dass die Regeln im internationalen Finanzwesen eingehalten werden. Heute hat die Organisation 185 Mitgliedsstaaten.

Aufgaben des IWF:

- Wahrung der Stabilität der Währungen, um ihren Tausch in andere zu erleichtern (Konvertibilität)
- Schaffung möglichst fester Wechselkurse
- Bekämpfung der Geldentwertung (Inflation)
- Kreditgewährung, um Ländern aus finanziellen Engpässen zu helfen

Stabilität der Währungen

Die Wahrung der Stabilität der Währungen und das Funktionieren des internationalen Zahlungsverkehrs gehören zu den wichtigsten Aufgaben der Organisation. Der IMF, wie die englische Abkürzung für „International Monetary Fund" lautet, vergibt auch Kredite und kontrolliert die Finanzpolitik in den Schuldnerstaaten.
Anfangs half der IWF Staaten, die unverschuldet in eine Finanzkrise gerieten, etwa wenn die Baumwollpreise abstürzten. Zugleich wurden kurzfristige Kredite vergeben, wenn die Währung eines Landes unter Druck geriet.

Abb. 50: **Kredite des IWF** werden oft für heikle Großprojekte verwendet, z. B. die Errichtung riesiger Staudämme

Freie Wechselkurse

Für den Welthandel ist ein stabiles Währungssystem eine wichtige Voraussetzung. Dafür sollten die verschiedenen Währungen zu möglichst fixen Wechselkursen frei umgetauscht werden dürfen. Als Leitwährung wurde der US-amerikanische Dollar ausgewählt. Die US-Notenbank koppelte den Wert des Dollars an den Goldpreis und versprach eine jederzeitige Goldeinlösepflicht für die ausgegebenen Banknoten. Alle anderen Währungen sollten mit einem fixen Wechselkurs an die Leitwährung gekoppelt werden. Der Vorteil war, dass nun nicht mehr alle Staaten riesige Mengen an Gold deponieren mussten, um ihre Währungen zu stützen.

Crash 1971

Das nach dem Ort der IWF- und Weltbankgründung benannte „Bretton-Woods-System" funktionierte viele Jahre lang, aber 1971 kam es zum Crash. Die USA konnten wegen der hohen Kosten des Vietnamkriegs keine ausgeglichene Zahlungsbilanz mehr vorweisen und die Golddeckung des US-Dollars nicht mehr garantieren. 1973 wurden die Wechselkurse dann freigegeben. Der Wert einer nationalen Währung richtet sich seither – wie bei Waren – nach den Regeln von Angebot und Nachfrage. Als dann noch der Kapitalverkehr, also die finanziellen Transaktionen, freigegeben wurden, kam es immer wieder zu großen Schwankungen des Wertes nationaler Währungen. SpekulantInnen nutzten dies aus, indem sie etwa große Mengen von diesen Währungen kauften und wieder verkauften, was den Wert dieser Zahlungsmittel stark beeinflusste.

Schuldenkrise

In den 1980er-Jahren konzentrierte sich der IWF auf Schuldenkrisen wie jene von Mexiko (1982) und schrieb den vom Staatsbankrott bedrohten Ländern Reformprogramme vor, deren Einhaltung Bedingung für neuerliche Kredite war. Diese Vorgaben zielten meist darauf ab, Budgetdefizite abzubauen und hohe Inflationsraten zu reduzieren – oft aber stürzten sie Schuldnerländer nur noch tiefer in die Krise. Dann mussten staatliche Ausgaben für Erziehung, Gesundheitswesen oder Umweltprogramme genauso wie Subventionen für Grundnahrungsmittel gekürzt werden. Solche Maßnahmen trafen natürlich die ärmsten Bevölkerungsschichten am härtesten.

In Sambia etwa blieben 2004 zahlreiche Schulen gesperrt. Die Regierung konnte nicht wie geplant zusätzliche Lehrkräfte anstellen, weil damit die vom IWF vorgeschriebene staatliche Ausgabengrenze, gemessen an der Wirtschaftsleistung eines Landes, überschritten worden wäre. Obwohl die Regierung die notwendigen Gelder zur Verfügung gehabt hätte, mussten die IWF-Vorgaben befolgt werden. In Uganda wurden Staatsbetriebe privatisiert und die Märkte für ausländische InvestorInnen geöffnet, woraufhin IWF und Weltbank Uganda mit Schuldennachlass belohnten. Doch die Armut im afrikanischen Staat nahm weiter zu: Von 2000 bis 2004 stieg die Zahl der Menschen, die unterhalb der Armutsgrenze lebten, von sieben auf neun Millionen an.

Für das neue Jahrtausend hat die UNO im Jahr 2000 sogenannte „Millennium-Ziele" – etwa zur Bekämpfung von Hunger, Armut und Analphabetismus – vereinbart, die bis zum Jahr 2015 erreicht werden sollen. IWF und Weltbank sollen dabei mit Förderprogrammen, Ratschlägen und Krediten helfen.

3.3 Die WTO

Abschaffung der Zölle

Zölle und Mengenbeschränkungen von grenzüberschreitend verkauften Waren oder Dienstleistungen behindern den weltweiten Handel. Daher wurde 1947 von 23 Staaten das „Allgemeine Zoll- und Handelsabkommen" (General Agreement on Tariffs and Trade – GATT) gegründet. Bis 1994 gab es acht Verhandlungsrunden, in denen die Zölle in fast allen Marktsektoren stufenweise reduziert wurden. Der durchschnittliche Zollsatz auf Industriegüter sank von 40 Prozent im Jahr 1947 auf knapp vier Prozent im Jahr 1990. Innerhalb der EU oder in der nordamerikanischen Freihandelszone wurden die Zölle im Handel unter den jeweiligen Mitgliedsstaaten zur Gänze abgeschafft. Dadurch konnte das weltweite Handelsvolumen deutlich ausgeweitet werden.

Abb. 51: **Zollsenkungen** im Rahmen des GATT 1947 bis 1993 (Quelle: Richard Senti: WTO-System und Funktionsweise der Welthandelsordnung. Zürich 2000)

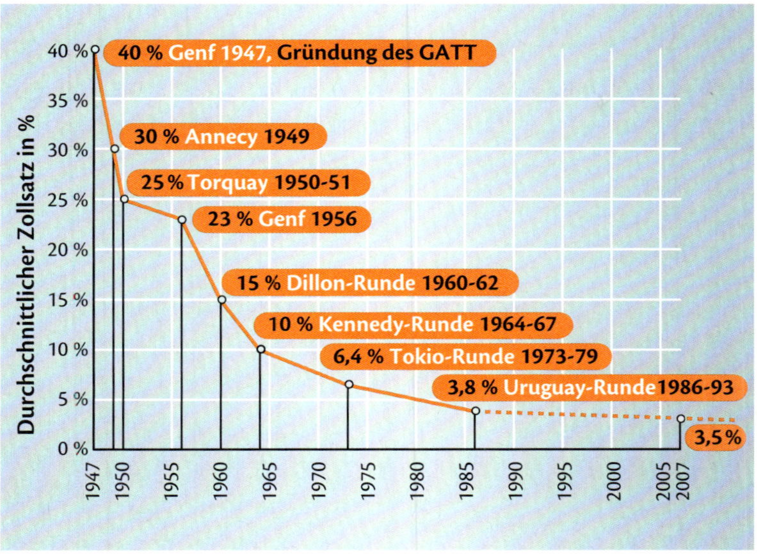

Uruguay-Runde

Bei einer der wichtigsten Verhandlungsrunden innerhalb des GATT, der sogenannten „Uruguay-Runde" (1986 bis 1993), wurden die Vereinbarungen über den Handel mit Waren auch auf Dienstleistungen (GATS-Abkommen) und den Bereich des geistigen Eigentums (TRIPS-Abkommen) – etwa Patente, Software oder kulturelle Leistungen – ausgedehnt. Weiters wurde die Gründung der Welthandelsorganisation (World Trade Organization WTO) mit Sitz in Genf, Schweiz, beschlossen. Diese zählt heute 151 Mitgliedsstaaten und setzt sich seit 1995 für die nachhaltige Förderung des weltweiten Handels ein.

Die WTO bemühte sich nicht nur um die Beseitigung der Zollschranken. Bedeutsamer sind die sogenannten nichttarifären Handelshemmnisse, also Quotenregelungen, Subventionen, Produktnormen oder Exporte zu unfairen Preisen, die unter den wahren Entstehungskosten liegen (Dumping). Die WTO wird bei Streitfragen im Welthandel als Schiedsrichterin angerufen: Sobald sich ein Land durch einen Handelspartner ungerecht behandelt fühlt, kann es sich an die Genfer Organisation wenden. In den meisten Fällen wird ein Schiedsverfahren („panel") gestartet.

Schiedsgericht in Handelsstreitigkeiten

Seit 1995 kam es zu fast 400 Streitbeilegungsverfahren bei der WTO-Zentrale. Für 150 davon wurde ein eigenes „panel", also eine Art Schiedsgericht, eingerichtet. Die bei der WTO vorgebrachten Fälle sind höchst unterschiedlich: Da protestierte etwa Pakistan gegen Anti-Dumping-Abgaben auf seine Zündholzverkäufe in Ägypten. Norwegen klagte die EU wegen Behinderungen beim Export von Zuchtlachs. Kolumbien beschwerte sich über die EU wegen der Behinderungen seiner Bananenexporte. Die USA verklagten China wegen Verletzung von Copyright-Rechten auf Computersoftware, Musik-CDs und DVDs.

Wie bei einem Gerichtsverfahren kommt es zunächst zur Anhörung der Argumente der Streitparteien. Frühestens nach einem Jahr spricht die WTO ein Urteil aus, gegen das die beklagte Partei berufen kann. Wird es bestätigt, muss das verurteilte Land die strittigen Gesetze ändern oder die unzulässigen Maßnahmen beenden. Hält sich ein Land nicht an den Schiedsspruch, können Sanktionen in Form von Geldstrafen verhängt werden.

Der Streit um Gentechnik

Mehrere EU-Staaten, darunter Österreich, wollten gentechnisch veränderte Produkte nicht zulassen. Die EU-Kommission hatte daraufhin – um Zeit zu gewinnen – beschlossen, dass von 1999 bis 2003 gar keine Gentechnik-Produkte eingeführt werden durften; sie hat ein sogenanntes „Moratorium" verhängt. Die USA sahen darin ein Handelshemmnis und lösten ein Verfahren bei der WTO aus. Im Februar 2007 erklärte ein WTO-„Panel" (Schiedsgericht) dieses Moratorium für illegal. Die EU hatte 2004 ein neues Zulassungsverfahren für Gentechnik-Produkte (etwa Genmaissorten, die gegen spezielle Schädlinge immun sind) eingeführt. Doch wieder beschwerten sich die USA, unterstützt von Kanada und Argentinien, über die ihrer Meinung nach zu langen Zulassungs- und Prüfverfahren in Europa. Letztlich scheint die Zulassung von gentechnisch veränderten Agrarprodukten nicht aufhaltbar zu sein, weil bis heute keine ausreichenden gesundheitlichen Gründe dagegen vorgelegt werden konnten. Es liegt in Zukunft in der Verantwortung der Agrarbetriebe und der KonsumentInnen, sich für oder gegen Gentechnik zu entscheiden. Die EU hat jedenfalls die genaue Kennzeichnung von gentechnisch veränderten Bestandteilen in Lebensmitteln beschlossen.

Proteste gegen die WTO

Die WTO wurde weltweit bekannt, als 1999 bei der Tagung in Seattle gewaltsame Proteste von DemonstrantInnen gegen die schrankenlose Liberalisierung des Welthandels ausbrachen. Auch Nicht-Regierungs-Organisationen (NGOs) kritisierten den wachsenden Einfluss multinationaler Konzerne, die vom Abbau der Handelsschranken am meisten profitieren. So forderten GewerkschaftsvertreterInnen mehr Mitspracherechte und soziale Begleitregelungen zum weltweiten Wettbewerb ein. Auf Kritik stieß, dass für die Liberalisierung des Welthandels auch strenge nationale Umweltvorschriften gelockert werden mussten, darunter der „Clean Air Act" in den USA. MitarbeiterInnen im öffentlichen Dienst, unter anderem im Gesundheitswesen, protestierten gegen geplante Privatisierungen im Rahmen des GATS (General Agreement on Trade in Services).

Die darauf folgende WTO-Runde fand 2001 abgeschirmt in Doha, Katar, statt und 2003 trafen sich die PolitikerInnen im mexikanischen Badeort Cancún. Diesmal schlossen sich die ärmeren Länder zu einer Interessengemeinschaft zusammen und wehrten sich gegen eine Öffnung ihrer Märkte für InvestorInnen aus reichen Staaten. Wenn etwa Banken oder Versicherungen aus Industriestaaten Filialen in Entwicklungsländern gründen, bieten sie nämlich oft Konditionen an, mit denen nationale Unternehmen nicht mithalten können, die dann in Folge oft bankrott gehen. Nach Ansicht der Entwicklungsländer müssen gegen diese negativen Effekte Vorkehrungen getroffen werden, ehe weitere Liberalisierungsschritte unternommen werden.

Freier Zugang für Investoren

Die WTO untersagte Maßnahmen von Regierungen, die nationale Unternehmen vor Aufkäufen durch ausländische InvestorInnen schützen sollten. Mit den umstrittenen WTO-Bestimmungen über TRIMS (trade-related investment measures) wurden solche Auflagen für ausländische InvestorInnen großteils beseitigt. So dürfen nationale Regierungen nicht länger vorschreiben, dass ausländische InvestorInnen vorwiegend einheimische Arbeitskräfte beschäftigen oder lokal erzeugte Produkte kaufen müssen.

Gegenleistung

Ärmere Staaten forderten von den reicheren Nationen eine Gegenleistung für das Aufgeben von Handelsschranken. Als ersten Schritt verlangten die agrarischen Schwellenländer eine Öffnung der Märkte der Industriestaaten für ihre Agrarausfuhren. Umgekehrt fordern die Industriestaaten, dass ihre Dienstleistungsunternehmen einen leichteren Zutritt zu den Märkten dieser Länder erhalten. Der darüber ausgebrochene Streit im Rahmen der sogenannten Doha-Runde konnte trotz mehrerer Konferenzen lange nicht beigelegt werden. Als Hauptproblem erwies sich die Weigerung der USA, die Exportförderungen für eigene Agrarprodukte radikal zu senken. Die EU versprach dagegen, die Stützungen für ihre Agrarexporte mit wenigen Ausnahmen einzustellen. Nur im Textilsektor wollen die europäischen Länder noch an manchen Einfuhrbeschränkungen (Kontingenten) festhalten.

Abb. 52: **Die Landwirtschaft** – eines der Streitthemen in der WTO

Zankapfel Landwirtschaft

Ein Hauptproblem in allen GATT- oder WTO-Verhandlungen stellte die Landwirtschaft dar. So wird in Europa die Produktion von Lebensmitteln subventioniert, um eine ausreichende Nahrungsmittelversorgung sicherzustellen. Doch einige EU-Länder wie Frankreich, Italien, die Niederlande oder Dänemark exportieren auch Lebensmittel in steigendem Ausmaß in alle Welt. Solche Exporte wurden sogar extra subventioniert, während Importe durch Einfuhrzölle verteuert wurden. Auch die USA schützten ihre Farmer durch Zölle und Subventionen. Dies führte zu Protesten der Entwicklungsländer, aber auch anderer Agrarproduzenten wie Australien, Neuseeland, Brasilien und Argentinien: Sie forderten für ihre Agrarprodukte einen leichteren Zugang zu den Märkten in den USA und Europa.

Einteilung der Argrarförderungen

Im Rahmen der jahrelangen Freihandelsverhandlungen musste vor allem Europa die wettbewerbsverzerrende Subventionierung von Agrarexporten reduzieren. Es wurde ein kompliziertes Regelwerk aufgestellt, bei dem zwischen unerlaubten, neutralen und erlaubten Beihilfen unterschieden wurde, die je nach ihrer Einstufung in „red", „blue" und „green boxes" zugewiesen wurden. So wurden etwa die Förderungen der EU für Biolandwirte und Bergbauern oder für die Landschaftspflege in die erlaubte grüne Box gereiht. In die verbotene rote Box kamen z. B. Regelungen, die die Einfuhr von Lebensmitteln aus Entwicklungsländern unzulässig einschränkten.

3.4 Die Vereinten Nationen

Die Vereinten Nationen (United Nations Organization, UNO), ein Zusammenschluss von 192 Staaten, sind die wichtigste globale Organisation. Die Vereinten Nationen gingen aus dem Völkerbund hervor, der sich nach dem Ende des Ersten Weltkriegs zur Aufgabe gemacht hatte, den weltweiten Frieden zu sichern. Sie wurden vor allem durch die Erfahrungen der Wirtschaftskrise in den 1930er-Jahren und des Zweiten Weltkriegs geprägt. Die wichtigsten Aufgaben sind noch heute die Sicherung des Weltfriedens, die Kontrolle der Einhaltung des Völkerrechts, der Schutz der Menschenrechte und die Zusammenarbeit für eine sozial fairere Gesellschaft, die auf die Umwelt Rücksicht nimmt.

Abb. 53: **Aufgaben und Ziele der UNO**

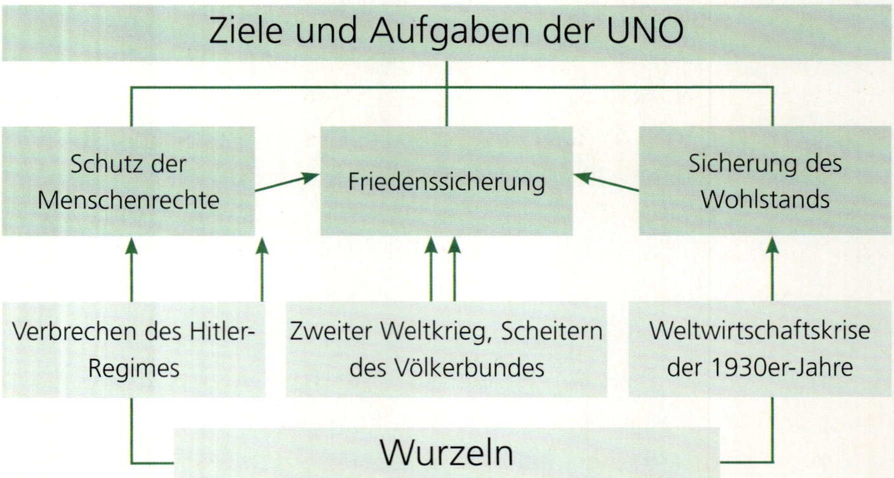

Hauptorgane der Vereinten Nationen:

Das Generalsekretariat: Es leitet die Geschäfte der Vereinten Nationen. Ihm steht die Person des Generalsekretärs vor, die für jeweils fünf Jahre bestellt wird.

Die Generalversammlung: Sie entscheidet über das gemeinsame Budget und über Vorlagen an den Sicherheitsrat. Sie beschließt gemeinsame Leitlinien und wählt die nichtständigen Mitglieder im Sicherheitsrat.

Der Sicherheitsrat: Das wohl wichtigste Organ der Vereinten Nationen tritt vor allem bei internationalen Konflikten auf. Der Sicherheitsrat kann auch die Entsendung von Friedensmissionen (Blauhelm-Einsätze) beschließen. Er besteht aus 15 Mitgliedern. Eine Vormachtstellung haben die fünf ständigen Mitglieder USA, Russland, Frankreich, Großbritannien und China – sie können mit ihrem Veto jeglichen Beschluss des Gremiums blockieren. Die restlichen zehn Mitglieder werden von der Generalversammlung für jeweils zwei Jahre bestellt.

Der Wirtschafts- und Sozialrat (ECOSOC): Er ist eine Dachorganisation zur Durchsetzung von sozialen und ökonomischen Zielen, etwa zur Koordination des Kampfes gegen Aids und Armut.

Der Internationale Gerichtshof, IGH: Er entscheidet bei Völkerrecht-Streitigkeiten zwischen Einzelstaaten. Sein Sitz ist in Den Haag in den Niederlanden.

Friedenssicherung

Die Vereinten Nationen haben sich in zahlreiche globale Konflikte erfolgreich eingeschaltet und konnten oft zu einer Befriedung beitragen. Sie sind aber vor allem dort erfolglos geblieben, wo es im mächtigen Sicherheitsrat keine gemeinsame Linie gab. So wird bis heute die Aufteilung der Mitglieder im Sicherheitsrat kritisiert. Denn die fünf ständigen Mitglieder USA, Russland, Frankreich, Großbritannien und China machten in der Vergangenheit oft auch dort von ihrer Blockademöglichkeit Gebrauch, wo nationale Interessen einem gemeinsamen Bemühen entgegenstanden.

Entwicklungshilfe

70 Prozent der Aktivitäten der Vereinten Nationen konzentrieren sich allerdings nicht auf Maßnahmen zum Schutz und zur Schaffung von Frieden, sie betreffen die Entwicklungshilfe. Das zentrale Dokument dieses gemeinsamen Kampfes gegen die Armut ist die Millenniumserklärung, die die UNO-Mitglieder im Jahr 2000 verabschiedeten: ein Maßnahmenkatalog, der die Armut bekämpfen, den Frieden sichern und den Umweltschutz fördern soll.

Hauptziele der Millenniumserklärung:

Beseitigung von Armut und Hunger: Die Zahl der Menschen, die von weniger als einem US-Dollar pro Tag leben, soll bis 2015 halbiert werden.

Bildung: Weltweit sollen alle Kinder zumindest eine Grundschulausbildung erhalten.

Gesundheit für Kinder und Mütter: Die Kindersterblichkeit soll bis 2015 um zwei Drittel gesenkt werden. Die Sterblichkeitsrate von Müttern soll durch einen besseren Schutz bei der Geburt um drei Viertel gesenkt werden.

Kampf gegen Seuchen und Erkrankungen: Die Ausbreitung von Aids soll gestoppt, der Ausbruch von Malaria und anderen schweren Krankheiten soll unterbunden werden.

Umweltschutz: Ziele sind ein Stopp der weltweiten Ausbeutung der Umwelt und Vorkehrungen zum Schutz des Weltklimas. Die Zahl der Menschen, die über kein sauberes Trinkwasser verfügen, soll bis 2015 um die Hälfte gesenkt werden. Die Lebensbedingungen von derzeitigen SlumbewohnerInnen sollen sich deutlich verbessern.

Abb. 54: **Das UNO-Gebäude** in Wien

Klimaschutz

Die Vereinten Nationen bemühen sich neben einer direkten Einflussnahme auf Krisen vor allem darum, auf Fehlentwicklungen hinzuweisen. Regelmäßig werden Berichte über die soziale Lage der Weltbevölkerung, über die ökologische Situation und über die Armut vorgelegt. Seit einigen Jahren ist auch der Klimaschutz ein Hauptanliegen der UNO geworden. Mit der UNO-Klimakonferenz wurde damit begonnen, die Mitgliedsländer auf ein gemeinsames Bemühen zur Verringerung der Treibhausgasemissionen einzuschwören. Als Ziel wurde vereinbart, den jährlichen Ausstoß von gefährlichen Gasen und Substanzen (CO_2, CH_4, HFCs, PFCs, N_2O, SF_6) bis 2012 um mindestens 5,2 Prozent unter das Niveau von 1990 zu senken. Doch die USA als eines jener Länder, die den größten Ausstoß an Treibhausgasen verursachen, verweigerten die Unterzeichnung dieser Vereinbarung, die als Kyoto-Protokoll bekannt wurde.

Kyoto-Protokoll

Die UNO mag vielen zu schwach erscheinen, um eine bessere Welt durchsetzen zu können, aber allein ihr ständiges Bemühen verdient Anerkennung. Es sind nicht nur Extreme, auf die die einzelnen UNO-Berichte hinweisen, es sind auch Ungerechtigkeiten des Alltags, wie die Benachteiligung von Frauen oder die ungerechte Verteilung von Gehältern. 2005 veröffentlichten die Vereinten Nationen einen Weltsozialbericht, der auf negative Auswirkungen der Globalisierung hinwies. Der Bericht zeigt die Kluft zwischen ärmeren und reicheren Gesellschaften auf. Die Globalisierung, so wird darin kritisiert, werde von einer wirtschaftlichen und sozialen Ungleichheit begleitet, denn trotz weltweitem Wachstum verdiene ein Viertel aller ArbeiterInnen nicht mehr als einen US-Dollar pro Tag.

Weltsozialbericht

3.5 Internationale NGOs

Bewusstseinsbildung

Neben den zwischenstaatlichen Organisationen beschäftigt sich eine Vielzahl von Organisationen der Zivilgesellschaft mit den neuen globalen Herausforderungen. Alle auch nur zu erwähnen würde das Kapitel sprengen, deshalb werden hier nur einige Beispiele genannt. Dies soll aber die Bedeutung dieser Initiativen nicht schmälern. Viele dieser Organisationen haben stark zur Bewusstseinsbildung über die nach wie vor großen Ungerechtigkeiten beigetragen und daran mitgewirkt, negativen Entwicklungen entgegenzutreten. Die Abkürzung NGO steht für Nongovernmental Organization (nichtstaatliche Organisation). Mittlerweile haben sich auch die Vereinten Nationen für NGOs geöffnet: Die Verbände der Zivilgesellschaft haben in der UNO zwar kein Stimmrecht, jene anerkannten Organisationen, die sich mit Fragen der sozialen Gerechtigkeit beschäftigen, haben aber einen Konsultativstatus erhalten; das heißt, sie werden in Debatten des Wirtschafts- und Sozialrats der UNO (Ecosoc) einbezogen und dürfen dort eigene Vorschläge einbringen.

NGOs sind meist unabhängig von staatlichen Stellen oder Parteien. Sie agieren als Verbände und Vereine. Viele von ihnen sind in einzelnen Ländern entstanden und wurden erst nach und nach international tätig. So wurde beispielsweise Greenpeace als lokale Initiative in Vancouver, Kanada, gegründet. Andere Organisationen waren von Beginn an über Grenzen hinweg tätig, etwa die Menschenrechtsorganisation Amnesty International (ai), der World Wildlife Fund (WWF) oder Médecins sans frontières (Ärzte ohne Grenzen). Vor allem im humanitären Bereich haben NGOs Aufgaben übernommen, die eigentlich in die Verantwortung von Staaten fallen würden, von diesen aber nicht ausreichend erfüllt werden.

Attac

Die Geschichte der Organisation Attac ist eng mit der wirtschaftlichen Globalisierung verknüpft: Nachdem 1997 internationale Kapital-Spekulationen eine Wirtschaftskrise in Südostasien ausgelöst haben, rief der Chefredakteur von „Le Monde diplomatique", Ignacio Ramonet, zur Gründung einer Organisation auf, die eine Kontrolle der internationalen Finanzmärkte vorantreiben sollte. „Warum gründen wir nicht eine weltweite Organisation, die sich für die Einhebung einer Tobinsteuer zugunsten der Menschen einsetzt?", schrieb Ramonet. Die vom US-Ökonomen James Tobin schon 1972 geforderte Steuer würde grenzüberschreitende Geldgeschäfte besteuern. Der Name Attac steht denn auch für die Einführung einer solchen Steuer: „Association pour une taxation des transactions financiéres pour l'aide aux citoyens". Inzwischen ist aus der Organisation Attac so etwas wie eine globale Bewegung geworden, die nach eigener Definition nicht gegen die Globalisierung, sondern für eine soziale und gerechtere Gestaltung der Globalisierung kämpft. Attac ist in mittlerweile über 50 Ländern aktiv und gemeinsam mit anderen internationalen NGOs regelmäßige Teilnehmerin am Weltsozialforum.

Verantwortung der Zivilgesellschaft

Seit den 1970er-Jahren erleben NGOs einen wahren Boom. Mit ihnen hat die Zivilgesellschaft einen Teil der Verantwortung für die Gestaltung einer gerechteren Welt übernommen. Allerdings gibt es NGOs von sehr unterschiedlicher Qualität. Obwohl es bei humanitären Aktionen privater Organisationen in der Vergangenheit immer wieder zu Unregelmäßigkeiten kam, wären viele internationale Hilfsprogramme, Soforthilfe bei Katastrophen und der Kampf gegen Menschenrechtsverletzungen heute weit weniger effizient, würde man sie rein staatlichen Stellen überlassen. Seriöse Nichtregierungsorganisationen wie das Internationale Komitee des Roten Kreuzes (IKRK) leisten einen bedeutenden Beitrag für eine bessere Welt.

Greenpeace

Als regionale Organisation von Atomkraftgegnern 1971 in Kanada gegründet, zählt Greenpeace mittlerweile zu einer der wichtigsten NGOs im Umweltbereich. Nach eigener Definition ist das Ziel der Organisation, „für unsere und zukünftige Generationen unsere Erde zu bewahren und ihre Fähigkeit, vielfältiges Leben zu tragen und zu erhalten". Greenpeace setzt wie viele andere NGOs auf Aktionismus. Mit öffentlichkeitswirksamen Maßnahmen versucht die Organisation, ihre Anliegen durchzusetzen: etwa ein Verbot des Walfangs, den Stopp französischer Atomtests im Pazifik oder den Bau neuer Atomkraftwerke. Sie prangert auch internationale Konzerne an, die umweltschädliche Maßnahmen setzen. Mit ihren Aktionen verhinderte Greenpeace unter anderem das Versenken von alten Ölplattformen im Meer und die Weiterführung von Atomversuchen in Alaska.

Selbsttest und Übungsaufgaben zu Kapitel 3 „Die globalen Organisationen“

Versuchen Sie, die folgenden Aussagen mithilfe des Buches zu überprüfen. Schreiben Sie spontan Ihre eigene Ansicht zu diesem Thema auf.

▶ Aussage 1:

Stabile Währungen sind für einen funktionierenden Welthandel wichtig.
Ist das wahr? ○ **ja** ○ **nein** ○ **sowohl als auch**

Begründung ....

....

Wenn Sie viel Geld hätten, in welcher Währung würden Sie dieses Geld anlegen?

....

....

Internetaufgabe

Besuchen Sie den Währungsrechner auf http://de.finance.yahoo.com/waehrungsrechner. Rechnen Sie Ihre monatlichen Einkünfte in US-Dollar um. US-Dollar und Euro hatten einmal denselben Wert. Wenn das Ergebnis in US-Dollar nun höher ist, steht der Dollar höher oder niedriger als der Euro?

• • • • •

▶ Aussage 2:

Freihandel ist das Ziel, das mehr Wirtschaftswachstum bringt. Aber muss er auf die Entwicklungsmöglichkeiten ärmerer Länder Rücksicht nehmen?

○ **ja** ○ **nein** ○ **sowohl als auch**

Begründung ....

....

Halten Sie es für sinnvoll, wenn ärmere, weniger entwickelte Länder bei Handelsregeln bevorzugt werden?

....

....

Die reichen Industrienationen fordern von den Entwicklungsländern eine Öffnung ihrer Märkte. Welche Gefahren könnte es dabei für Unternehmen der ärmeren Staaten geben?

....

....

Internetaufgabe

Besuchen Sie die Homepage des IWF (Internationalen Währungsfonds) http://www.imf.org/external/deu/index.htm. Suchen Sie nach Informationen über die Strategie der Organisation gegen Armut. Fassen Sie diese kurz zusammen.

• • • • •

▶ Aussage 3:

Der Welthandel funktioniert von selbst, er braucht keine Kontrolle, damit der Wettbewerb fair abläuft.
Ist das wahr? ○ **ja** ○ **nein** ○ **sowohl als auch**

Begründung ....

....

Sie produzieren Schuhe in Ihrem Heimatland. Seit Jahren nimmt Kanada Ihre Schuhe ab, doch plötzlich dürfen Sie nur noch die Hälfte dorthin liefern, weil es Einfuhrquoten gibt. Wie können Sie sich zur Wehr setzen?

....

....

Können Sie als KonsumentInnen die wirtschaftliche Entwicklung ärmerer Staaten beeinflussen? Sind Sie bereit, für fair gehandelte Produkte wie Kaffee, Tee oder Bananen auch einen höheren Preis zu bezahlen?

....

....

Internetaufgabe

Besuchen Sie die Website der Welthandelsorganisation WTO http://www.wto.org. Suchen Sie nach dem derzeitigen Generaldirektor. Wer ist das? Wie viele Mitgliedsländer zählt die Organisation? Finden Sie ein Beispiel für ein laufendes Schiedsverfahren („panel").

• • • • •

▶ Aussage 4:

Die Vereinten Nationen (UN) sind eine Organisation, in der alle Länder den gleichen Einfluss haben.
Ist das wahr? ○ **ja** ○ **nein** ○ **sowohl als auch**

Begründung ....

....

Beschreiben Sie eines der „Millenniumsziele" der UNO (Bekämpfung von Armut und Hunger, Umweltschutz maßnahmen, Förderung von Bildung).

....

....

Internetaufgabe

Besuchen Sie den Cyber-Schoolbus der Vereinten Nationen unter:
http://www.un.org/Pubs/CyberSchoolBus. Fassen Sie einen der aktuellen Themenschwerpunkte, der bereits auf der Homepage angekündigt wird, zusammen.
Oder besuchen Sie die Nachrichtenseite der UNO http://www.un.org/News und fassen Sie eine der Meldungen kurz zusammen.

• • • • •

► Aussage 5:

Zivile Organisationen (NGOs) haben immer mehr Einfluss.

Ist das wahr? ○ **ja** ○ **nein** ○ **sowohl als auch**

Begründung ....

....

Wenn Sie sich bei einer der NGOs engagieren wollen, welche würden Sie wählen und warum?

....

....

Internetaufgabe

Besuchen Sie die Homepage von Attac http://www.attac.at und http://www.attac.de oder von Greenpeace http://www.greenpeace.org, http://www.greenpeace.at und http://www.greenpeace.de.

Finden Sie Gründe, warum diese Organisationen einst entstanden sind oder beschreiben Sie ein aktuelles Anliegen.

4. Überwindung der Kluft – mögliche Gegenmaßnahmen

Ungerechte Verteilung des Wohlstands

Es gibt nach wie vor eine Kluft zwischen Arm und Reich. Zwar bietet der globale Markt eine Chance, dass künftig auch in ärmlichen Verhältnissen lebende Menschen einen neuen Wohlstand erleben könnten, aber ihr Aufstieg erfolgt keinesfalls automatisch. Vielmehr liegt es in der Verantwortung von Politik und Wirtschaft sowie auch in der Hand der einzelnen KonsumentInnen, Möglichkeiten, die die Globalisierung bietet, zu nutzen. Es liegt in ihrer Verantwortung, dass mehr Menschen unter besseren Lebens- und Umweltbedingungen wohnen und arbeiten – alle sollten von der Globalisierung profitieren. So kann etwa die Politik dazu beitragen, dass Handelsschranken für ärmere Länder abgebaut werden und dass im eigenen Land Menschen jeglicher Herkunft und beider Geschlechter Chancen auf eine gute Ausbildung erhalten. Wirtschaftsunternehmen können durch einen verantwortungsvollen Umgang mit Ressourcen das ökologische Gleichgewicht zu bewahren helfen, und sie können durch Beteiligung ihrer ArbeitnehmerInnen an den ökonomischen Erfolgen zu einer faireren Verteilung des Wohlstands beitragen. KonsumentInnen haben die Möglichkeit, durch ihr Einkaufsverhalten die wirtschaftliche Globalisierung weit besser zu steuern als ihnen bewusst ist, denn sie sind die eigentliche Entscheidungsmacht auf dem Weltmarkt: Sie entscheiden über lange, unnötige Transportwege ebenso mit wie über soziale und ökologische Standards von Produkten.

Abb. 55: **Armut in den Entwicklungsländern** (Quelle: Welthungerhilfe, Daten: Weltbank – WDI 2006)

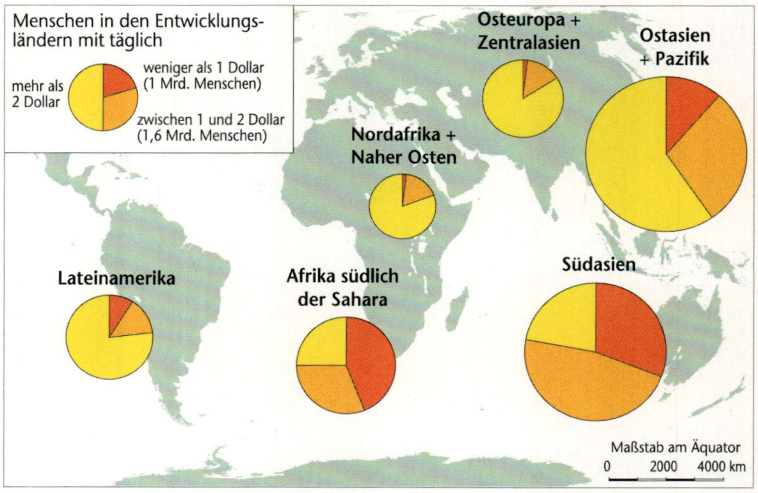

Grundlagen der Debatte über Armut und Ungleichheit

Kluft zwischen Arm und Reich

„Working poor“

Die Globalisierung der Wirtschaft hat einen riesigen Markt geschaffen, in dem es genügend Arbeit, genügend Wirtschaftswachstum und genügend Erfolge gibt, um immer mehr Menschen davon profitieren zu lassen. Doch die Kluft zwischen Arm und Reich ist größer statt kleiner geworden. Auf die armen 40 Prozent der Weltbevölkerung, die von weniger als zwei US-Dollar pro Tag leben, entfallen nur fünf Prozent des gesamten globalen Einkommens, wie aus einem Bericht des United Nations Development Programme (UNDP) hervorgeht. Mit zwei US-Dollar pro Tag kann man in manchen Weltregionen leben, doch eher schlecht als recht. Für Menschen, die, obwohl sie arbeiten, kaum genug Geld zum Leben haben, verwendet man den Begriff „working poor".

Armutsfalle

Gleichzeitig gibt es auch positive Entwicklungen: So hat sich die Zahl jener Menschen, die in größter Armut leben und mit weniger als einem US-Dollar pro Tag auskommen müssen, von 1,5 Milliarden im Jahr 1981 innerhalb von 25 Jahren auf rund eine Milliarde verringert. Doch auch dieser bescheidene Aufschwung ist ungleichmäßig verteilt. Die Erzeugung von Massengütern – Bekleidung, Sportartikel oder Spielwaren – hat in Ländern wie Bangladesch, Indonesien und Vietnam immerhin zu einer Verringerung der extremen Armut beigetragen. In Afrika hingegen verbleiben viele Regionen in der Armutsfalle.

Abb. 56: **Entwicklung der Armen 1981 bis 2015** – Anzahl der Menschen, die mit weniger als einem US-Dollar pro Tag leben müssen (Daten aus: UNO „Global Monitoring Report 2007")

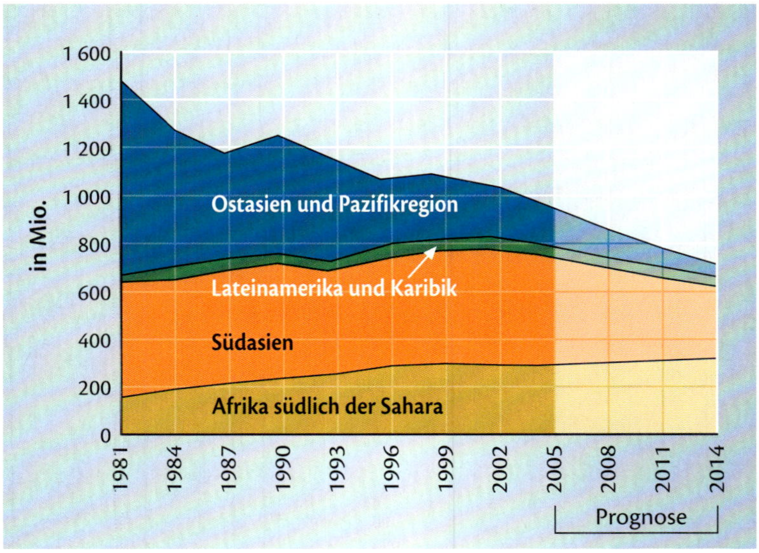

Die Vereinten Nationen kritisieren in ihren regelmäßigen Berichten, dass zwar die schlimmste Armut reduziert werden konnte, gleichzeitig aber die Ungleichheit zwischen Arm und Reich weiter zugenommen hat. Die Kluft zwischen armen und reichen Ländern ist auseinander gegangen: In den 1960er-Jahren betrug das Durchschnittseinkommen in den 20 reichsten Ländern etwa das 53-Fache von jenem in den 20 ärmsten Ländern. 40 Jahre danach hat sich der Unterschied auf das 121-Fache vergrößert.

Dollarmilliardäre

Insgesamt, so sind sich die meisten WirtschaftsexpertInnen einig, hat die Globalisierung den Wohlstand erhöht. Der US-Ökonom Jeffrey D. Sachs behauptet sogar: „Mehr als die Hälfte der Weltbevölkerung, von der Textilarbeiterin in Bangladesch aufwärts, hat einen wirtschaftlichen Fortschritt erlebt." Offensichtlich ist aber auch, dass vor allem jene, die über eine ausreichende Grundlage an Kapital verfügen beziehungsweise dieses in den vergangenen Jahrzehnten durch geschickte Investitionen vermehren konnten, den größten Gewinn aus dem Boom der Weltwirtschaft ziehen. Laut der US-Zeitschrift „Forbes" gibt es 691 Dollarmilliardäre auf der Welt, die zusammen ein Vermögen von 2,2 Billionen US-Dollar anhäuften (Stand 2005). Davon gehört wiederum mehr als die Hälfte, 1,3 Billionen, den 50 reichsten Menschen der Welt.

4.1 Entwicklungspolitik

Warum profitieren nicht alle Länder gleich vom globalen Markt? Die Antwort ist nicht einfach, weil sie auf vielen Faktoren beruht. Vielfach fehlen ärmeren Ländern die notwendigen Voraussetzungen, um auf den Zug in Richtung Wohlstand aufzuspringen. Die Probleme sind zahlreich:

- **Fehlende Infrastruktur:** Es gibt zu wenig Straßen, Häfen, Flughäfen und Kommunikationstechnik.
- **Korrupte Regierungen:** Das Verantwortungsgefühl für eine faire Verteilung des Wohlstands fehlt. Teure Machtkämpfe, Waffenkäufe und Bürgerkriege verschlingen das Volkseinkommen.
- **Versperrter Weltmarkt:** Zu viele Regulierungen sowie Handelsschranken durch reichere Staaten behindern das Wachstum ärmerer Länder.
- **Schlechte Wirtschaftsstruktur:** Eine auf wenige Rohprodukte konzentrierte nationale Wirtschaft führt dazu, dass erneut die besser entwickelten Länder bei der Weiterverarbeitung das große Geld abschöpfen.
- **Keine Basis für Investitionen:** Arme Länder bieten häufig zu wenig Sicherheit und Stabilität für internationale InvestorInnen.
- **Schlechtes Gesundheitssystem:** Die Ausbreitung von Krankheiten wie Aids behindert einen wirtschaftlichen Erfolg.
- **Erbe der Kolonialisierung:** Ärmeren Ländern fehlt wegen früherer einseitiger Ausbeutung ihrer Rohstoffe durch Kolonialmächte die Basis für einen nachhaltigen wirtschaftlichen Erfolg.

Armes Afrika

Allein die Vielfalt der Gründe von Armut zeigt, dass es nicht ausreicht, den betroffenen Ländern Gelder für Entwicklungshilfe bereitzustellen. Es bedarf gezielter Hilfe, um den ärmsten Gesellschaften der Welt die Chance auf eine Teilnahme am Wohlstand zu bieten.

Abb. 57: **Afrika südlich der Sahara – ein Kontinent verliert den Anschluss** (Quelle: Welthungerhilfe, Daten: Weltbank, FAO, UNDP)

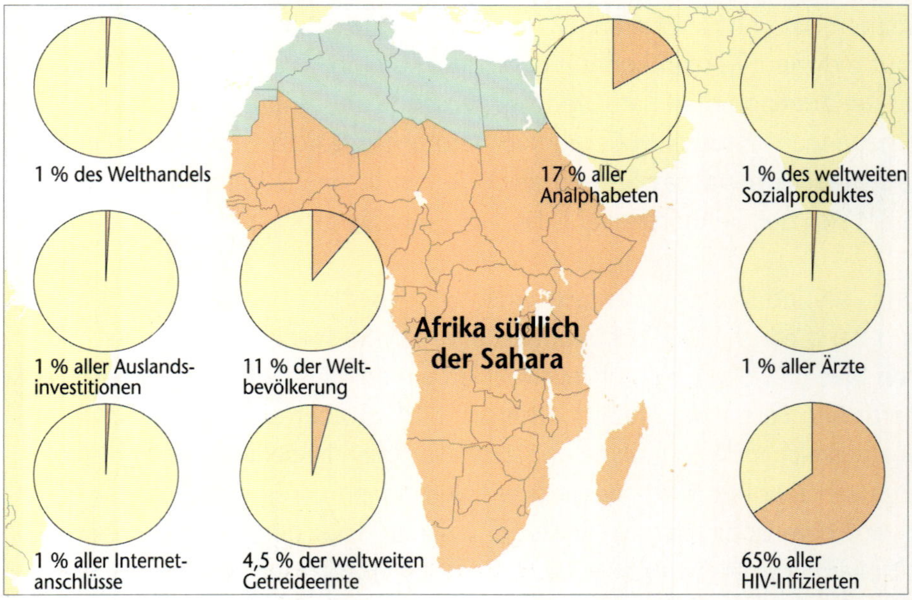

Die gleichberechtigte Beteiligung dieser Länder am Weltmarkt spielt dabei eine zentrale Rolle. Die UNO-Armutsberichte zeichnen ein eindeutiges Bild: Während die Länder Ostasiens durch die Teilnahme am globalen Markt die Armutsfalle langsam verlassen, sitzen viele afrikanische Staaten weiterhin darin fest. Die Bevölkerung ist zu krank, zu schlecht ernährt oder zu mittellos, um auch nur die unterste Sprosse des Wohlstands erreichen zu können, und zu wenige Unternehmen treiben über die eigenen Landesgrenzen hinaus Handel.

Entwicklungshilfe

Viele afrikanische Länder befinden sich in einer Situation, in der sie sich aus eigener Kraft nicht mehr helfen können. Für einen Neuanfang sind sie auf die Unterstützung reicherer Länder angewiesen. Durch Schuldenerlass, Gewährung von Krediten und einen Abbau der Handelsschranken kann ihnen eine Chance gegeben werden, einen wirtschaftlichen Aufschwung zu erreichen. Dazu ist gezielte Entwicklungshilfe notwendig, die Voraussetzungen dafür schafft, dass Betriebe gegründet werden und Arbeitsplätze entstehen können.

Handelsschranken
Die Entwicklungsländer hatten mit ihren Agrarprodukten auf dem Weltmarkt lange Zeit keine Chance. Durch Subventionen und Exporthilfen für die eigenen Produkte wurden nämlich die Weltmarktpreise von den USA und Europa künstlich niedrig gehalten und ärmere Länder konnten in diesem verzerrten Wettbewerb nicht mithalten. Die Vereinten Nationen und die Welthandelsorganisation WTO drängen deshalb zu einem schrittweisen Abbau von Export-Subventionen und Handelsbeschränkungen zugunsten der ärmsten Länder der Welt.

Abb. 58: **Die Abhängigkeit von Lebensmittelimporten** 2002 bis 2004 – Anteil von Lebensmittelimporten an den Gesamtimporten (Daten aus: Welternährungsorganisation FAO „Statistical Yearbook 2006")

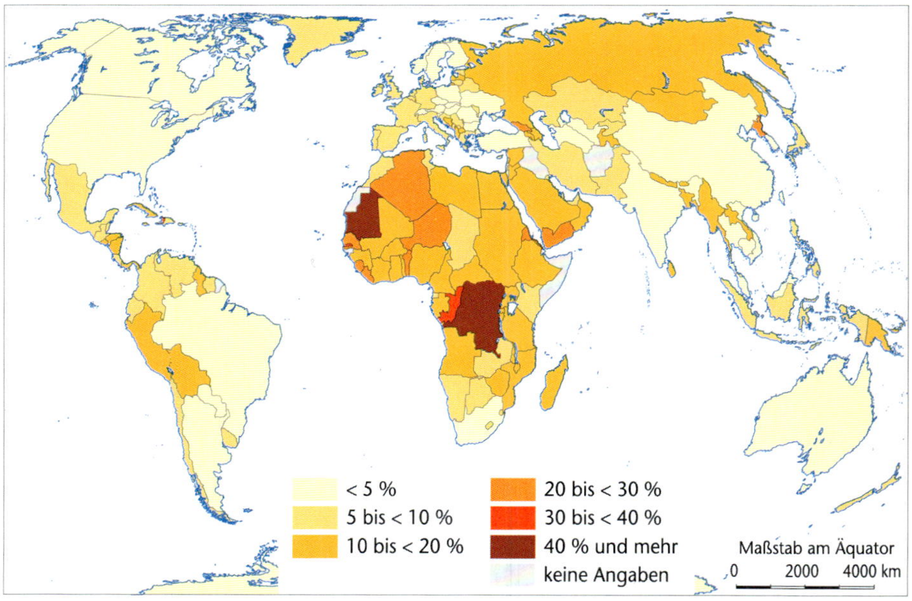

Ärmere Länder haben immer größere Schwierigkeiten, für ihre Bevölkerung die notwendigen Nahrungsmittel bereitzustellen. Steigende Nachfrage, Ernteausfälle, geänderte Konsumgewohnheiten und Spekulationen haben dazu geführt, dass Lebensmittel auf dem globalen Markt nicht nur knapp, sondern auch teuer wurden. Außerdem sind immer mehr Menschen zu ernähren, denn die Weltbevölkerung wächst jährlich um die Einwohnerzahl von Deutschland, also um ca. 80 Millionen.

Abb. 59: **Extreme Trockenheit** führt immer wieder zu Ernteausfällen

Nahrungsmittelkrise

Als im Jahr 2008 die Nahrungsmittelkrise zu wütenden Protesten der Bevölkerung zahlreicher Länder führte, wurde deutlich, dass hier ein radikales Umdenken notwendig ist. Reine Nahrungsmittelhilfe reicherer Länder konnte das Problem zwar mindern, aber nicht lösen. Es war bezeichnend, dass zum Höhepunkt der Krise – die unter anderem wegen Ernteausfällen etwa in Australien und der Ukraine zustande kam – laut der Welternährungsorganisation FAO weltweit eine Milliarde Hektar an gutem Agrarland brach lag. Der Grund: Für Bäuerinnen und Bauern in Entwicklungsländern war es nicht attraktiv, die Felder zu bestellen, weil sie bisher mit ihrem Preisniveau gegen billige Importe überhaupt keine Chance hatten. Die rasante technische Entwicklung in der Landwirtschaft, die Marktverzerrungen und Spekulationen am weltweiten Agrarmarkt haben dazu geführt, dass vor allem wenig entwickelte afrikanische Staaten massiv von Lebensmittelimporten abhängig wurden. Die Ärmsten der Armen bekamen deshalb auch die Auswirkungen der Preisentwicklung am stärksten zu spüren.

Ökonomische Struktur der Entwicklungsländer

Um wirtschaftlichen Erfolg zu haben, muss es den Entwicklungsländern gelingen, ihre ökonomische Struktur zu ändern. Ihre Exporte bestehen oft nur aus wenigen Rohmaterialien und Bodenschätzen, womit sie in einem gefährlich hohen Ausmaß von den oft schwankenden Rohstoffpreisen am Weltmarkt abhängig sind. Selbst die Erdölförderung in Nigeria und Angola trägt wenig zur wirtschaftlichen Gesamtentwicklung dieser Länder bei. Bei anderen Rohstoffen, zum Beispiel Erzen oder Diamanten, wird die gewinnbringende Weiterverarbeitung und Vermarktung von anderen Ländern übernommen. So kommt es, dass beispielsweise Äthiopien mit seinem Hauptexportartikel Kaffee nur geringfügige Gewinne erzielt; denn obwohl das Kaffeegeschäft floriert, schöpfen den Hauptgewinn jene Länder und ihre Unternehmen ab, die den Kaffee transportieren, rösten, verpacken und vermarkten.

Millenniums-Dörfer

Entwicklungshilfe ist dann sinnvoll, wenn sie einen nachhaltigen Effekt erzielt. Aus diesem Grund wurde das Projekt „Millenniums-Dörfer" ins Leben gerufen. Ziel ist es, die Wirtschaft in dörflichen Strukturen so zu entwickeln, dass die Bevölkerung eine Chance bekommt, aus eigener Kraft den Anschluss an den Wohlstand zu schaffen. Das erste dieser Dörfer wurde 2004 in Sauri, Kenia, gegründet. Die landwirtschaftliche Produktion konnte schon innerhalb von zwei Jahren verdreifacht werden und erstmals wurden nicht nur Produkte für den Eigenbedarf, sondern auch für den Handel hergestellt. Es folgten zahlreiche solcher Dorfprojekte in Äthiopien, Malawi, Mali, Nigeria, Ruanda und Ghana. Mit internationaler Hilfe wird in die Wasseraufbereitung, die Bildung, das lokale Gesundheitssystem und in den Aufbau der Infrastruktur investiert – alles Voraussetzungen für einen weiteren Erfolg der Projekte.

Teilnahme am globalen Markt

Wirtschaftliches Wachstum und die Teilnahme am globalen Markt können eine Grundlage schaffen, um die Armut wirksam zu bekämpfen. Das Modell ist simpel: Ein wachsender Anteil am weltweiten Handel fördert das ökonomische Wachstum der Entwicklungsländer, welches wiederum die Voraussetzung dafür schafft, deren Wohlstand zu vergrößern. Allerdings sind politische Stabilität, ein ausreichend funktionierendes Bildungs- und Gesundheitssystem sowie die notwendige Infrastruktur (Verkehrswege, Telekommunikation) Voraussetzung für einen nachhaltigen Erfolg. Außerdem kann der Wachstumseffekt nur dann breite Bevölkerungsschichten erreichen, wenn er von einer verantwortungsvollen nationalen Politik begleitet wird, die auch auf die Bedürfnisse der Ärmsten Rücksicht nimmt.

Beispiel Vietnam

Vietnam litt lange an den Folgen des Krieges und versank in tiefer Hoffnungslosigkeit. Drei Viertel der Bevölkerung lebten unter der Armutsgrenze (weniger als ein US-Dollar pro Tag). Die kommunistisch gesteuerte Planwirtschaft war am Boden und selbst Reis, das Grundnahrungsmittel der VietnamesInnen, musste importiert werden. Mitte der 1980er-Jahre entschloss sich die Regierung zu einem Wechsel des Wirtschaftskurses. So wurde etwa den Reisbäuerinnen und -bauern ein Nutzungsrecht für Anbauflächen erteilt, das ihnen ermöglicht, mehr zu produzieren als bisher durch ein strenges Quotensystem vorgeschrieben war. Sie konnten plötzlich auch am internationalen Handel mitwirken, was eine steigende Produktion zur Folge hatte. In nur 15 Jahren wurde Vietnam zu einem der wichtigsten Reisexporteure der Welt, und auch andere Produkte – zum Beispiel Textilien – werden jetzt vermehrt in Vietnam hergestellt. Die Zahl der extrem armen Bevölkerung konnte um rund zwei Drittel reduziert werden.

Wirtschaftliche Öffnung Indiens

China und Indien haben in den letzten Jahrzehnten unter Beweis gestellt, dass eine wirtschaftliche Öffnung den Wohlstand deutlich erhöhen kann. Die indische Regierung hatte über Jahrzehnte auf ein Wirtschaftssystem gesetzt, das vor allem auf den heimischen Markt ausgerichtet war. Der Staat dominierte nicht nur wichtige Wirtschaftszweige, sondern kontrollierte über Lizenzen und Produktionsquoten den gesamten Binnenmarkt. So erreichte Indien immerhin eine weitgehende Selbstversorgung bei Nahrungsmitteln. Die Folge waren allerdings so geringe Wachstumsraten der nationalen Wirtschaft, dass breite Bevölkerungsschichten keine Aufstiegschancen hatten. 1991 erreichte das Wachstum 3,5 Prozent, aber das war bei einem Bevölkerungswachstum von zwei Prozent pro Jahr zu wenig, um die Armut im Land bekämpfen zu können. Im Sommer 1991 entschied sich deshalb die damals neu gewählte Regierung unter Premier Narasimha Rao, den Wirtschaftskurs radikal zu ändern. Nun setzte Indien auf eine Integration in den Weltmarkt. Der eigene Markt wurde geöffnet und Beschränkungen sowie enge Regeln für die nationale Produktion wurden aufgehoben. In nur wenigen Jahren konnte das Wirtschaftswachstum verdoppelt und die Armut deutlich verringert werden. Neben Waren exportiert Indien nun auch vermehrt Dienstleistungen. Allerdings gibt es auch eine Schattenseite dieser Entwicklung: Die interne Kluft zwischen ärmlichen ländlichen Gebieten und wirtschaftlich boomenden Großstädten ist größer geworden. Weite Teile des Landes haben keinen Anteil am wirtschaftlichen Erfolg, weil es an geeigneter Infrastruktur und einem funktionierenden Bildungssystem in ländlichen Gebieten mangelt. Der ungebrochene Zuzug in die Städte hat zum Entstehen riesiger Elendsviertel (Slums) geführt.

Abb. 60: **Slums** sind eine Folge von Armut und zu rasch wachsenden Städten

Wirtschaftlicher Erfolg Chinas

Ähnlich, wenn auch unter anderen Voraussetzungen, entwickelte sich das kommunistisch regierte China. Das Rezept für den wirtschaftlichen Erfolg war wie bei Indien die Öffnung in Richtung Weltmarkt und die Übernahme von Elementen westlicher Wirtschaftsmodelle. Begleitet wurde dies allerdings von massiven staatlichen Investitionen in Bildung und Forschung. Wenngleich auch in China nicht alle vom Aufschwung profitieren, so hat sich die soziale Lage doch verbessert. Innerhalb von dreißig Jahren stieg die durchschnittliche Lebenserwartung von 40 auf 66 Jahre und die Kindersterblichkeit sank von 175 auf 40 pro tausend Lebendgeburten.

Stadt-Land-Gefälle

Nicht überall wurde die Öffnung des Marktes mit der notwendigen Vernunft vollzogen. So rutschten beispielsweise mehrere südamerikanische Länder durch eine zu rasche und zu radikale Liberalisierung (Öffnung) ihrer Märkte in neue Krisen. In China und Indien erlebten städtische Räume zwar einen Aufbruch und einen Wohlstandsschub. In ländlichen Gebieten dominiert aber weiterhin eine erhebliche Armut, gepaart mit wirtschaftlicher Unterentwicklung. Ein weiteres Problem liegt darin, dass der wirtschaftliche Aufbruch in vielen Ländern mit einer unverantwortlichen Umweltpolitik einhergeht.

Wachstum als Mittel gegen Armut

Wirtschaftliches Wachstum ist die Grundlage für den Kampf gegen die Armut. Jene Länder, die ihren Markt geöffnet und Nischen in der weltweiten Produktion von Konsumgütern und bei Dienstleistungen gefunden haben, schaffen es schon jetzt, die Armut zu reduzieren. Laut Weltbank wird das weltweite Wirtschaftswachstum zunehmend von den Entwicklungsländern getragen. Hält ihr Wachstum an, könnte sich die Zahl der Menschen, die weltweit mit weniger als einem US-Dollar pro Tag leben müssen, in den nächsten 25 Jahren von rund einer Milliarde Menschen (2006) auf die Hälfte reduzieren. Die Weltbankexperten gehen davon aus, dass sich die Mittelschicht in den Entwicklungsländern im selben Zeitraum von heute 400 Millionen Menschen auf 1,2 Milliarden vergrößern könnte. Um nicht nur Großstädte und Eliten an dieser Chance teilhaben zu lassen, ist allerdings eine faire Chancenverteilung innerhalb der Gesellschaften notwendig.

4.2 Mikrokredite

Um Entwicklungsländern eine Starthilfe für einen wirtschaftlichen Aufbruch zu geben, braucht es Geld und Menschen, die bereit sind, unternehmerisch tätig zu werden. Da aber ein Großteil der Bevölkerung in den Entwicklungsländern mittellos ist und unter normalen Bedingungen bei keiner Bank einen Kredit für einen Start ins Kleinstunternehmertum bekommen würde, ist ein eigenes Finanzinstrument geschaffen worden: die Mikrokredite.

Hilfe zur Selbsthilfe

2006 erhielt der Wirtschaftswissenschaftler Muhammad Yunus den Friedensnobelpreis. Er ist der Begründer der Grameen Bank, die in Bangladesch die Idee der Mikrofinanzierung erfolgreich eingesetzt hat. Mit kleinen Krediten, die von SpezialistInnen der Bank individuell betreut wurden, gelang es vielen Menschen, kleine Unternehmen aufzubauen – die Bandbreite reichte von MobiltelefonbesitzerInnen, die ein kleines Telefonservice aufbauten, bis zu StraßenverkäuferInnen, die sich endlich einen überdachten Laden mieten konnten.

Prinzip der Mikrokredite

Mikrokredite funktionieren nach einem einfachen Prinzip: Sie sind unkompliziert zu beantragen, die Bank berät die KundInnen über die notwendige Höhe des Darlehens und sie entwickelt ein Ratensystem, das eine realistische Rückzahlung gewährleistet. Obwohl es oft nicht wie bei anderen Krediten große Sicherstellungen für die Bank gibt, beträgt die Rückzahlquote zwischen 95 und 100 Prozent. Mikrokredite sind meist günstiger als herkömmliche Kredite.

Abb. 61: **Muhammad Yunus**

Muhammad Yunus

Der Wirtschaftswissenschaftler kommt aus einem der ärmsten Länder der Welt, Bangladesch. Als er 26 Jahre alt war, bekam er ein Fulbright-Stipendium, das ihm ein Studium an der Vanderbilt University in den USA ermöglichte. Nach abgeschlossenem Studium und einer wissenschaftlichen Tätigkeit sowohl in den USA als auch an der Chittagong University in seiner Heimat baute er gemeinsam mit Kollegen die Grameen Bank auf. Um der Bevölkerung von Bangladesch die Chance auf einen wirtschaftlichen Aufbruch zu geben, konzentrierte er seine Tätigkeit auf die Vergabe von Mikrokrediten, wofür er 2006 den Friedensnobelpreis erhielt.

Raiffeisen-Modell

Die Idee der Mikrokredite ist nicht völlig neu. Diese Form der Hilfe zur Selbsthilfe und zum wirtschaftlichen Aufbau gab es auch schon im mittlerweile 150 Jahre alten Raiffeisen-Modell, das in ländlichen Regionen Mitteleuropas bäuerliche und kleinunternehmerische Tätigkeiten über Genossenschaften ermöglichte. Viele europäische Länder haben mittlerweile das System der Mikrokredite bei ihren Entwicklungshilfeprojekten übernommen. Deutschland und Österreich beteiligen sich im Rahmen der deutschen und österreichischen Entwicklungszusammenarbeit mit der Bereitstellung von Finanzmitteln an der Vergabe von Mikrokrediten in Entwicklungsländern.

Alternative zu Drogenanbau

Ein Mikrokreditprojekt des Drogenkontrollprogramms der Vereinten Nationen schafft Alternativen zum Opiumanbau in Laos. Ziel ist es, Familien die Möglichkeit zu geben, mithilfe dieser Finanzmittel eine neue Existenzgrundlage aufzubauen. Bisher war das kaum möglich, da die Banken der Region den Landwirten entweder kein Geld borgten oder überhöhte Zinsen verlangten. Nun aber beantragte beispielsweise Frau Chanthone aus dem Dorf Nasala einen Mikrokredit von einer Million Kip (100 US-Dollar) zur Erweiterung ihrer kleinen Seidenweberei. Die Finanzierung hat sich gelohnt, denn die Produktion der Seidenstoffe konnte deutlich erhöht und neue Absatzmärkte gefunden werden. Innerhalb von nur sechs Monaten konnte sie das Darlehen einschließlich der entstandenen Zinsen zurückzahlen.

Mikrokredite sind längst nicht mehr auf Entwicklungsländer beschränkt. Zum Beispiel werden sie auch in Deutschland oder in den USA vergeben, um Menschen aus der Armut heraus zu einer neuen kleinunternehmerischen Tätigkeit zu führen. In Deutschland hat sich das Deutsche Mikrofinanzinstitut (DMI) seit 2005 auf Kleinkredite zum Aufbau der lokalen Wirtschaft spezialisiert.

• • • • •

Fatima S. lebt in einem kleinen Dorf mit dem Namen Namunisi in Uganda. Mithilfe eines Mikrokredits hat sie ein kleines Geschäft mit Lebensmitteln und Haushaltsartikeln aufgebaut. Sie konnte ihr persönliches Einkommen innerhalb weniger Monate um 80 Prozent steigern. Mit ihrem letzten Kredit finanzierte sie ein Mobiltelefon, das sie nun gegen Gebühren den anderen DorfbewohnerInnen zur Verfügung stellt – das nächste öffentliche Telefon befindet sich nämlich 10 Kilometer entfernt. Weil der Ort Namunisi noch nicht über Elektrizität verfügt, muss Fatima das Telefon alle paar Tage mithilfe einer Autobatterie aufladen.

• • • • •

4.3 Faire Finanzen

Aktien

Damit eine Wirtschaft wachsen kann, braucht sie ständig neues Kapital. Dieses stellen Banken oder InvestorInnen für neue Unternehmen oder neue Produktionen zur Verfügung. Ziel muss freilich sein, dass sich diese Investitionen langfristig lohnen. Ein beliebtes Modell zur Finanzierung von Unternehmen sind Aktien. Durch den Kauf von Aktien kann jede Person Anteile an Firmen erwerben. Seit Jahrzehnten wird von Unternehmen über die Ausgabe (Emission) von Aktien Kapital für neue Geschäftsfelder bereitgestellt. Nach der Grundidee gewinnen daran alle Seiten: die Unternehmen, die ihren Betrieb ausbauen können, die MitarbeiterInnen, deren Arbeitsplatz gesichert wird, und die AktieneigentümerInnen, die an den Gewinnen beteiligt sind.

Problematisch wird es aber, wenn InvestorInnen schon kurzfristig Gewinne sehen wollen. Immer mehr Aktien werden heute erworben, um rasch Geld zu vermehren – sie werden in unheimlicher Geschwindigkeit gekauft und wieder verkauft. Das Geschäft mit Aktien boomt. Zwischen 1990 und 2005 ist laut World Federation of Exchanges (WFE) der Jahresumsatz des weltweiten Aktienhandels von 5,7 auf 51,1 Billionen US-Dollar gestiegen.

• • • • •

Marko S. kommt aus Hannover. Er hat sich immer schon für die Börse interessiert und wollte mit geschickten Spekulationen etwas Geld dazuverdienen. Mit 15 000 Euro stieg er ein. Zu Beginn richtete er sich ein Onlinekonto ein, von dem aus er Aktien erwerben und wieder verkaufen konnte. Bewusst setzte er auf Risiko-Aktien mit Chancen auf hohe Gewinne: 2001 erwarb er mit fast der Hälfte seines Startkapitals Yukos-Aktien, denn der russische Ölkonzern unter der Leitung von Michail Chodorkowski schien Marko aussichtsreich. Der Kaufpreis betrug 112,5 Euro je Aktie; nur wenige Monate später lag der Kurs schon bei 160 Euro. Doch dann kam der große Einbruch: Chodorkowski wurde unter zweifelhaften Umständen verhaftet, der Konzern zerschlagen und die Aktien verloren über Nacht fast ihren gesamten Wert. Ein bisschen verzweifelt war der junge Investor schon und er zeigte für einige Zeit wenig Interesse am Kurs seiner Aktien. Erst die Abrechnung des Jahres 2005 weckte ihn wieder auf: Innerhalb eines Jahres hatte sich der Wert der Aktien verdoppelt. Seitdem beobachtet Marko regelmäßig über die Internetplattform www.aktiencheck.de den Kurs der Aktien. Er hat die Zahl der Käufe und Verkäufe deutlich erhöht, pro Jahr sind es nun rund 20 Transaktionen. Mit etwas mehr Vorsicht und dem notwendigen Wissen, das er sich erworben hat, konnte er seine einstigen Verluste wieder wettmachen.

• • • • •

New York Stock Exchange

Mehr als ein Viertel des weltweiten Börsenhandels (14 Billionen US-Dollar) entfällt auf die größte Börse der Welt, die New York Stock Exchange. An zweiter Stelle steht die US-Technologiebörse NASDAQ (National Association of Securities Dealers Automated Quotations), wo rund ein Fünftel der weltweit notierten Aktien gehandelt werden. Abgeschlagen mit 11 % Marktanteil folgt die London Stock Exchange vor der Börse in Tokio (9,6 %).

Abb. 62: **Die größten Aktienbörsen der Welt** (Quelle: Bundeszentrale für politische Bildung „Zahlen und Fakten zur Globalisierung")

	Aktienhandel in Bill. US-$	in Prozent
New York Stock Exchange	14,1	27,7
NASDAQ	10,1	19,8
London Stock Exchange	5,7	11,2
Tokio	4,9	9,6
Euronext (Amsterdam, Brüssel, Paris, Lissabon)	2,9	5,7
sonstige	13,4	26,2

Abb. 63: **Die Entwicklung des Aktienhandels** 1980 bis 2005 (Daten aus: World Federation of Exchanges „Annual Report"; diverse Jahrgänge)

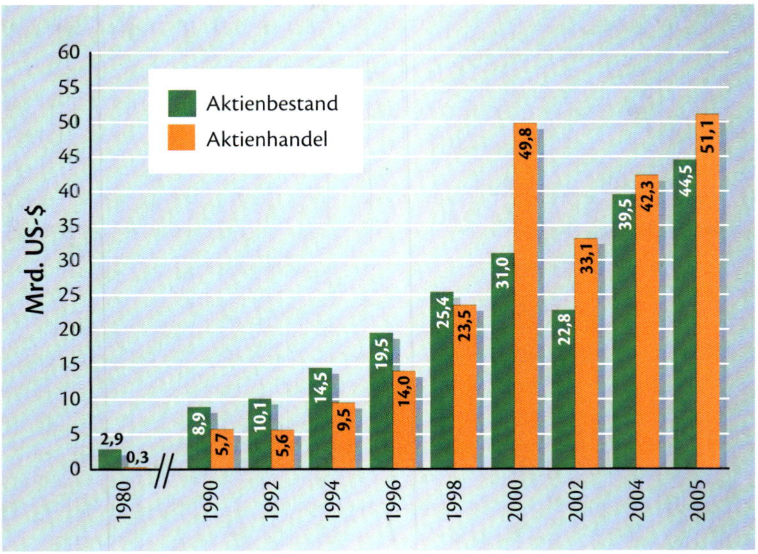

Der Anstieg beim Handel mit Aktien und anderen Wertpapieren geht einerseits auf die Liberalisierung des Kapitalverkehrs und andererseits auf Fortschritte in der Informationstechnologie zurück. So werden heute riesige Geldsummen in Sekunden rund um den Erdball bewegt: Insgesamt sind das pro Tag über 1500 Milliarden US-Dollar, die zwischen allen Teilen der Welt hin und her transferiert werden – doppelt so viel wie noch vor zwanzig Jahren. Doch nur ein Bruchteil von diesen Geldflüssen – rund 20 Milliarden – wird für Handel oder Auslandsinvestitionen verwendet. Der größte Teil fließt in kurzfristige Investitionen und spekulative Geldanlagen.

Finanzspekulationen

Die Entwicklung ist atemberaubend und zugleich problematisch: Zwischen 1980 und 2005 ist der Aktienhandel um das 170-Fache gestiegen, gleichzeitig nahm die Zahl der Aktien nur um das 15-Fache zu. Das bedeutet, dass immer mehr Geld nur kurzfristig angelegt wird. Es wird nicht mehr in langfristig zukunftsträchtige Unternehmen investiert, sondern es geht den Anlegern vielfach rein um Finanzspekulationen.

Derivate

Vor allem der Handel mit sogenannten Derivaten hat stark zugenommen. Ursprünglich haben AnlegerInnen damit lediglich das Recht erworben, Wertpapiere, Fremdwährungen oder Rohstoffe in Zukunft zu einem festgelegten Preis zu kaufen. Doch das Geschäft hat sich zu einem finanziellen Wettspiel weiterentwickelt. Mittlerweile kann auch auf bestimmte Zins- und sogar auf bestimmte Wetterentwicklungen gesetzt werden. Das Volumen der Derivate steigt seit dem Jahr 2000 unaufhörlich und hat jenes des klassischen Aktienhandels bereits deutlich überholt.

Neue Großanleger

Die Rolle der institutionellen Investoren an den Börsen (Banken, Versicherungen, Pensionsfonds usw.) ist in den letzten Jahrzehnten stark gewachsen. 1980 betrugen ihre Anlagen nur drei Billionen US-Dollar, 2005 bereits 55 Billionen. So verwalten einzelne nationale Pensionsfonds, etwas jener Norwegens, so riesige Vermögen, dass sie an manchen Börsen schon zu den wichtigsten Investoren zählen. Da aus diesen Pensionsfonds schließlich viele Menschen ihre Altersversorgung beziehen, versuchen die FondsmanagerInnen, die Mittel möglichst breit anzulegen, um das Risiko von Verlusten niedrig zu halten.

Spekulationen auf Währungskurse

Spekuliert wird zunehmend auch auf Währungskurse. In den 1990er-Jahren hatten Geldspekulanten, z. B. George Soros, mit dem An- und Verkauf von großen Beträgen nationaler Währungen wie dem britischen Pfund oder dem französischen Franc die Zentralbanken dieser Länder zu massiven Stützungskäufen der eigenen Währung gezwungen. Sie mussten mit ihren Devisenreserven (gehortete Fremdwährungen) große Mengen der eigenen Währung kaufen, um den Wert der Währung am Geldmarkt wieder zu steigern. Die Banque de France hatte innerhalb weniger Tage den Großteil ihrer Devisenvorräte verloren. Erst die Einführung des Euro im Jahr 2002 hat solche Spekulationen empfindlich erschwert oder verteuert. Soros legte einen Teil seiner riesigen Gewinne später in einer Stiftung an, die Bildungseinrichtungen in Mittel- und Osteuropa fördert.

Finanzkrisen

Börsen-, Kredit- und Währungskrisen haben eine Vielzahl an Ursachen. Eine ist mit Gewissheit die zunehmende Spekulation auf kurzfristige Gewinne. Seit dem Zusammenbruch des Bretton-Woods-Systems, das Währungen eng aneinander gebunden hatte, und nach der Öffnung der ehemals meist national dominierten Finanzmärkte hat die Anzahl an Finanzkrisen zugenommen. Leidtragende waren in erster Linie Entwicklungs- und Schwellenländer, die dabei waren, eine moderne Wirtschaft aufzubauen. 1997 bis 2002 erwischte es beispielsweise Südkorea, das nach einem wirtschaftlichen Aufschwung plötzlich in eine Krise rutschte. Der Grund war, dass in einer Kettenreaktion viele internationale AnlegerInnen ihr Kapital abzogen. Die Wirtschaft des Landes schrumpfte in dieser Zeit jährlich um bis zu 6,7 Prozent, viele Arbeitsplätze gingen verloren. Aber auch Industrieländer wie Japan, die USA, Dänemark oder Schweden erlebten Finanzkrisen mit teilweise heftigen Auswirkungen.

Spekulationsblase

Vielen dieser Krisen ging ein Spekulationsboom voraus, in dem über wenige Jahre die Geld- und Kreditmenge stark anstieg. Eine Zeit lang waren Spekulationen sehr attraktiv und einträglich, doch als die Spekulationsblase platzte, zog sie – neben den AnlegerInnen – manchmal sogar ganze Länder wirtschaftlich in die Tiefe. InvestorInnen zogen ihr Geld ab, und einem Dominoeffekt gleich wurde Kapital in andere Weltteile umgeschichtet. Banken machten pleite und das Wachstum brach ein.

Abb. 64: **In der New Yorker Börse**

Tobinsteuer

Um den zunehmenden Finanzkrisen entgegenzuwirken und die Lust auf kurzfristige Spekulationsgewinne zu bremsen, taucht immer wieder der Vorschlag des US-amerikanischen Ökonomen James Tobin auf: Er forderte 1972 die Einhebung einer Abgabe auf weltweite Devisengeschäfte, um die kurzfristigen Spekulationen auf Währungsschwankungen einzuschränken. Diese Forderung nach Besteuerung des Devisenhandels – die sogenannte Tobin-Steuer – wurde 1997 in einem Artikel in der Zeitung „Le Monde diplomatique" aufgegriffen und ist bis heute eine der zentralen Forderungen der Globalisierungskritiker. Es wird in Varianten auch gefordert, eine solche Steuer auf alle internationalen Finanztransaktionen oder auf Spekulationsgewinne einzuheben. Sooft Politiker die Einführung der Tobin-Steuer allerdings fordern, sooft wird der Vorschlag gleich wieder zurückgezogen. Das Hauptproblem ist: Wenn beispielsweise nur die EU allein solche Abgaben einführt, würden voraussichtlich die AnlegerInnen ihre Gelder aus Europa abziehen und in andere Erdteile transferieren, wo keine solche Steuer eingehoben wird. Für eine weltweite Einführung der Abgabe ist derzeit noch keine Einigung in Sicht.

Ein Vorschlag eines Nobelpreisträgers

Der US-Ökonom und Nobelpreisträger Joseph Stiglitz kritisierte, dass Regierungen von Entwicklungsländern überdimensionierte Fremdwährungsreserven anlegten. Sie versuchten damit die Unabhängigkeit von ausländischen Kreditgebern zu verringern, statt diese Gelder zur Ankurbelung der eigenen Volkswirtschaft zu verwenden. Daher hat Stiglitz ein neues System zur Finanzierung von globalen öffentlichen Gütern wie Umwelt, Gesundheit und Bildung empfohlen:

Allein durch eine Reform der weltweiten Währungsreserven sollten 200 bis 400 Milliarden US-Dollar pro Jahr für sinnvolle Investitionen zur Verfügung gestellt werden. Weitere Geldmittel könnte das Management von öffentlichen Ressourcen – Versteigerung von Fischerei-Lizenzen, Genehmigungen zur Rohstoffsuche unter dem Meeresboden oder der Verkauf von CO_2-Ausstoß-Genehmigungen (CO_2-Zertifikate) – bringen. Als drittes Instrument regte der Nobelpreisträger Steuern auf Waffenverkäufe an Entwicklungsländer, auf Umweltverschmutzung und auf andere negative Effekte der Globalisierung an. Das neue System sollte unter Aufsicht der UNO entwickelt werden, bisher kam es freilich nicht dazu.

Personalabbau Nicht nur für Volkswirtschaften, auch für Unternehmen, die über die Börse finanziert sind, bringen überhastete Käufe und Verkäufe Nachteile. Die Sehnsucht nach kurzfristigen Gewinnen erhöht den Druck auf ManagerInnen, mit immer weniger Personal immer höhere Erträge zu erzielen. Verrückterweise steigen die Aktienwerte, sobald große Betriebe einen erheblichen Teil ihres Personals abbauen. Den Unternehmen wird so aber ein anderes Kapital genommen, das sie für ihre Zukunft genauso benötigen wie Geld: das Humankapital – nämlich die Fachkräfte, die für einen Ausbau der Produktion bei gleich bleibender Qualität notwendig sind.

Leerverkäufe

Spekuliert wird auf Aktienmärkten mittlerweile nicht nur mit Gewinnen, sondern auch mit Verlusten. Listige AktienspezialistInnen entwickelten die Möglichkeit von Leerverkäufen. Dabei leihen sich AnlegerInnen Aktien vorübergehend aus. Sie bezahlen dafür eine Art Miete, werfen die Aktie auf den Markt und hoffen darauf, dass ihr Wert sinkt. Geht der Kurs tatsächlich nach unten, kaufen sie anschließend Aktien des jeweiligen Unternehmens günstiger wieder zurück. Nimmt man an, ein Spekulant verkauft 1000 geliehene Aktien um je 100 US-Dollar, so erhält er dafür 100 000 US-Dollar. Steigt der Kurs, müsste er sie zu einem höheren Betrag wieder zurückkaufen und würde einen Verlust machen. Sinkt aber der Kurs, kann er die Aktien um weniger Geld zurückkaufen und macht mit der Differenz einen Gewinn.

Hedge-Fonds Riskante Aktiengeschäfte werden heute vielfach von Hedge-Fonds abgewickelt, die versuchen, mit dem Geld ihrer AnlegerInnen den Gewinn zu maximieren. Die Zahl der Hedge-Fonds hat sich zwischen 1999 und 2007 verdreifacht. Ursprünglich wurden sie entwickelt, um mögliche Verluste durch Aktienspekulationen abzusichern. (Das englische Wort to hedge bedeutet absichern.) Mittlerweile spekulieren diese Fonds vorwiegend auf kurzfristige Preisveränderungen von Aktien, Anleihen, Währungen und Rohstoffen. Mit Leerverkäufen (siehe Kasten oben) oder Wetten auf künftige Wertpapierkurse versuchen sie schnelles Geld zu machen. Auf der einen Seite wirken diese Fonds in manchen Fällen sogar stabilisierend: Da sie nämlich auch aus Kurseinbrüchen Gewinne machen können, bleiben sie am Markt, während andere InvestorInnen bereits panisch aussteigen. Andererseits lösen sie durch ihre hohe Risikobereitschaft oft Kurseinbrüche aus oder sorgen für gefährliche Spekulationsblasen. Gehen ihre Geschäfte schief, reißen sie nicht selten andere AnlegerInnen mit, ruinieren Betriebe und schädigen ganze Volkswirtschaften. Da diese Fonds nur von Ländern ohne strenge Finanzmarktaufsicht aus agieren, werden immer mehr Stimmen laut, das Geschäft der Hedge-Fonds einzubremsen und an strenge Regeln zu binden.

Abb. 65: **Handelsraum in der Münchner Börse**

Falsch spekuliert

Der Hedge-Fonds Amaranth hatte 2005 auf den steigenden Preis von Erdgas gesetzt und über Derivate (Termingeschäfte) Verträge zum Kauf von Gas in Milliardenhöhe abgeschlossen. Wenn die Preise – wie erwartet – gestiegen wären, hätte der Fonds das zum Fixpreis erworbene Gas sofort wieder teurer weiterverkaufen und so erhebliche Gewinne machen können. Doch der Gaspreis sank und innerhalb von nur einer Woche machte der Fonds 2006 einen Rekordverlust von über fünf Milliarden US-Dollar.

Zu einem heiklen Geschäft von InvestorInnen ist es auch geworden, ganze Unternehmen aufzukaufen und dann binnen kürzester Zeit in Teilen – und mit höherem Gewinn – wieder zu verkaufen. Ob die Struktur gewachsener Unternehmen oder eine größere Menge an Arbeitsplätzen damit verloren geht, spielt für die auf kurzfristige Gewinne abzielenden InvestorInnen kaum eine Rolle. Daher wurden diese Fonds mit einer Heuschreckenplage verglichen.

Krisen mit weltweiten Folgeschäden

„Die internationale Finanzwelt ist bereits derart miteinander vernetzt, dass sich eine Krise auf einem Teil des Globus sofort wie eine Seuche auf die ganze Welt ausbreitet", stellte der US-Ökonom und Nobelpreisträger für Wirtschaft, Joseph Stiglitz, fest. Bereits Ende der 1990er-Jahre hatte eine Finanzkrise in den asiatischen „Tigerstaaten" wie Südkorea, Singapur und Taiwan die Börsen und Banken auf der ganzen Welt in Mitleidenschaft gezogen. Auch das Platzen der sogenannten Internet-Blase, also die Krise, welche Ende der 1990er-Jahre zahlreiche Unternehmen der Informationstechnologie erfasste, verursachte eine globale Pleitewelle.

2007 erfasste eine Finanzkrise, die von den USA ausging, weltweit Banken und Investmentfirmen: Infolge der „Subprime"-Kreditkrise konnten viele BesitzerInnen von Eigenheimen in den USA ihre Hypothekenraten nicht mehr bezahlen. Hunderttausende Häuser wurden zwangsversteigert, was natürlich auch den Wert aller anderen Immobilien drückte.

Doch während früher in ähnlichen Fällen nur ein paar Banken, die schlecht besicherte Kredite an Personen mit schwachem finanziellen Hintergrund („subprime"-lending genannt) verborgt hatten, in Schwierigkeiten geraten waren, löste die Krise diesmal weltweite Folgen aus: Neben US-Banken verzeichneten auch europäische und japanische Banken Milliarden US-Dollar an Verlusten.

Was war passiert? Ein neues System der Absicherung von Krediten (im Fachjargon „securitization" genannt) hatte dazu geführt, dass das Risiko auf mehrere Finanzinstitutionen aufgeteilt worden war. Banken konnten weltweit gebündelte Schuldverschreibungen – mit der Aussicht auf Zinsgewinne und mit der trügerischen Absicherung des Werts der solcherart belehnten Immobilien – kaufen. Doch mit dem Wertverfall von Häusern und Grundstücken kamen Verluste statt der erhofften Gewinne. Auf diese Weise verlor allein die Schweizer UBS-Bank 38 Milliarden US-Dollar, und US-Investmentkonzerne wie Bear Stearnes konnten nur durch eine staatliche Finanzhilfe vor dem Bankrott gerettet werden.

Abb. 66: **Der US-Dollar** ist nach wie vor eine weltweite Leitwährung

Die Finanzkrise dämpfte die gesamte Volkswirtschaft der USA: Hunderttausende betroffene KreditnehmerInnen mussten zwangsläufig ihren Konsum drosseln. Die US-Notenbank reagierte mit weiteren Zinssenkungen, um die Konjunktur anzukurbeln, was aber dazu führte, dass sich viele US-AmerikanerInnen noch weiter in Schulden stürzten. Die Kettenreaktion ging aber noch weiter. Der niedrige Dollar-Kurs gegenüber anderen Währungen wie dem Euro half zwar amerikanischen Unternehmen beim Export, stürzte dafür aber europäische oder asiatische Exporteure in Probleme: Ende 2007 verzeichneten europäische und asiatische Börsen Rekordverluste, von denen sie sich nur langsam wieder erholten.

Die negativen Effekte von weltweiten Spekulationen haben Politiker auf den Plan gerufen. So haben die EU und die Gruppe der acht wichtigsten Industrienationen (G8) vorgeschlagen, für die hochriskanten Spekulationsgeschäfte Mindestregeln vorzuschreiben. Eine Idee der deutschen Bundesregierung war beispielsweise, dass für Leerkäufe von Aktien künftig eine Meldepflicht gelten sollte. AktionärInnen, die mehr als zehn Prozent eines Unternehmens erwerben, sollen künftig ihre Ziele und die Herkunft ihrer Mittel offenlegen.

Soziale Verantwortung

Außerdem entwickelten private AnlegerInnen Normen für ethisch verträgliche Börsengeschäfte. So entstand in den USA die „Social Accountability International" (SAI), die den Unternehmen nach genauen Kriterien Zertifikate (Norm SA8000) erteilt. Diese belegen, inwieweit Auflagen zur sozialen Verantwortung – etwa zur Vermeidung unnötiger Kündigungen – und Regeln zur Vermeidung von Korruption eingehalten werden. Finanzunternehmen bieten inzwischen für sozial bewusste AnlegerInnen eigene Fonds an, die etwa Aktien von Waffenfirmen oder von Unternehmen, die die Gründung von Betriebsräten untersagen oder Kinderarbeit zulassen, ausschließen.

4.4 Verantwortungsvolles Konsumverhalten

Macht der KonsumentInnen

Was kann jede und jeder von uns für bessere Arbeitsbedingungen und für eine umweltgerechte Herstellung von Produkten in fernen Ländern tun? Viele Menschen mögen auf diese Frage ohnmächtig reagieren und auf den geringen Einfluss des Einzelnen verweisen – doch sie unterschätzen die Macht der KonsumentInnen. Keine andere Instanz – auch nicht die Politik – hat am Weltmarkt eine so große Macht wie die VerbraucherInnen. Sie bestimmen letztlich, welches Produkt angenommen wird und welches nicht. Ohne kritische KonsumentInnen hätte es beispielsweise nie eine Diskussion über die Arbeitsbedingungen in Niedriglohnländern gegeben.

In manchen Ländern, vor allem in den Entwicklungs- und Schwellenländern, wurden Kinderarbeit und gesundheitsgefährdende Arbeitsbedingungen geduldet. Dazu kamen oft laxe Umweltvorschriften. Nur mühsam und schrittweise gelingt es den Vereinten Nationen, mit der Arbeiterorganisation ILO oder auch der Welthandelsorganisation WTO solche unfairen Wettbewerbsvorteile zu beseitigen. Doch auch das gelang nur durch den wachsenden Druck der Konsumenten.

Abb. 67: Mit ihrem **Einkaufsverhalten** können KonsumentInnen Macht ausüben

„Stiftung Warentest" „Konsument"

Mittlerweile gibt es eine Vielzahl von Beispielen, wie international agierende Unternehmen ihre Zulieferfirmen in Billiglohnländern zu einer sozial und ökologisch verantwortungsvollen Produktion gedrängt haben. Es gibt Vereinigungen, die gemeinsam mit Gewerkschaften und Wirtschaftsvertretern soziale Standards überprüfen und Fehlentwicklungen aufzeigen. Konsumentenvereinigungen führen sogenannte „Ethiktests" durch, die bei der Kaufentscheidung helfen sollen. Die Tests werden regelmäßig in Zeitschriften wie beispielsweise „Stiftung Warentest" oder „Konsument" veröffentlicht.

Probleme bei Zulieferfirmen

In einem bedeutenden Zulieferunternehmen in Sri Lanka, das unter anderem Nike, Lee und Wrangler beliefert, wurde die Gründung einer Gewerkschaft verboten. Ein Protest internationaler Gewerkschaftsdachverbände bei der Internationalen Arbeiterorganisation ILO zeigte keine Wirkung. Die Clean Clothes-Kampagne, eine private Organisation, die sich zur Aufgabe gestellt hat, soziale Probleme in der Textilbranche zu beseitigen, machte diese Missstände öffentlich bekannt. In der Folge wurde die Gewerkschaftsgründung anerkannt. Ein ebensolcher öffentlicher Druck sorgte dafür, dass 537 NäherInnen eines Zulieferbetriebs von S.Oliver, die für eine Festlegung von Mindestlöhnen gestreikt hatten, nach der Entlassung wieder eingestellt wurden.

Angst um Image

Die großen Marken dieser Welt sind auf ein gutes Image angewiesen. Deshalb reagieren die dahinter stehenden Unternehmen sensibel auf öffentliche Debatten über Arbeitsbedingungen in ihren Zulieferbetrieben. Ein schlechtes Image ihrer Produkte sorgt umgehend

für Umsatzeinbußen. Firmen wie der US-Sportartikelhersteller Nike, der schwedische Möbelkonzern Ikea oder Tchibo/Eduscho in Deutschland haben leidvolle Erfahrungen mit Problemen in Zulieferfirmen machen müssen. Nach öffentlichen Protesten und Umsatzeinbrüchen zogen sie die Konsequenz und verlangten von ihren Zulieferunternehmen die Einhaltung sozialer Mindeststandards.
Einige Unternehmen sind noch einen Schritt weiter gegangen und haben faire und ökologische Bedingungen in ihren Zulieferbetrieben zu ihrer neuen Markenidentität erklärt. Vereinigungen wie „Fair Labour Association" oder „Fairtrade" haben Arbeitsstandards entwickelt, denen sich Firmen freiwillig anschließen können. Den Initiativen der Vereinten Nationen „Global Compact" und „Human Right Norms for Business" sind ebenfalls viele Unternehmen beigetreten. Höhere Löhne und faire Arbeitsbedingungen tragen nicht nur dazu bei, KonsumentInnen vom schlechten Gewissen zu befreien, sondern sorgen auch dafür, dass in Entwicklungsländern ein nachhaltiger Wohlstand mit eigener Kaufkraft entsteht.

Fairtrade

Eines der bekanntesten Gütesiegel für Produkte, die unter sozialen und ökologischen Rahmenbedingungen hergestellt werden, ist Fairtrade. Diese Organisation sorgt mit eigenen Verträgen für die ProduzentInnen und regelmäßigen Inspektionen dafür, dass Menschen und Natur nicht ausgebeutet werden. Gleichzeitig sollen die ProduzentInnen faire Preise über dem Weltmarktniveau erzielen. Mittlerweile sind schon viele Produkte – von Schokolade über Kaffee, Orangensaft sowie Sportartikel – mit dem Fairtrade-Siegel gekennzeichnet. Kriterien für das von Fairtrade verliehene Gütesiegel sind:

- Verbot von Zwangs- und illegaler Kinderarbeit
- Einhaltung von gesetzlichen Mindeststandards bei Löhnen und Arbeitsbedingungen
- Beschäftigte erhalten ein Recht auf gewerkschaftliche Vertretung und kollektive Verhandlungen über Löhne und Arbeitsbedingungen
- Ökologische Mindeststandards wie die Verwendung von biologischen Pflanzenschutzmitteln und organischem Dünger, Maßnahmen zum Schutz von Gewässern und des Regenwalds, Abfallvermeidung etc.

Kubra K. arbeitet im kleinen Dorf Bhanewaly im Osten Pakistans als Näherin. Ihr Betrieb produziert Sportbälle – Fuß- und Handbälle, die mit dem Fairtrade-Gütesiegel ausgezeichnet sind. Die Bezahlung reicht aus, dass sie und ihre sieben Geschwister endlich genug zu essen haben. Für Frauen in Pakistan ist es nicht leicht, eine gute Arbeit zu finden. Kubra ist in einem sechsköpfigen Komitee eingebunden, das über die Verwendung der Fairtrade-Prämien entscheidet. „Wir Frauen in Pakistan haben es noch immer sehr schwer, aber hier finden wir großen Zusammenhalt. Die Näherei gibt uns Selbstvertrauen, dass auch wir Frauen etwas erreichen können", sagt Kubra.

Regionale Produkte

Der bewusste Einkauf beginnt nicht erst bei T-Shirts aus Ostasien, sondern schon beim Kauf von Produkten des täglichen Lebens aus der eigenen Region. Jeder Mensch sollte sich bewusst machen, dass es nicht notwendig ist, Produkte zu kaufen, die über Tausende Kilometer transportiert wurden, wenn es im eigenen Umfeld gleiche Waren von teilweise sogar höherer Qualität gibt. Dies betrifft vor allem Lebensmittel. Der Transport vermindert nicht nur die Qualität dieser Produkte, er ist auch Auslöser einer höheren Umweltbelastung. In der eigenen Region ist es auch leichter, sich über Qualitäts- und Sozialstandards der Produktionsbetriebe zu informieren. Daher ist es nicht verwunderlich, dass Selbstvermarktungsinitiativen wie etwa Bauernmärkte in den letzten Jahren einen wahren Boom erleben.

Beachtung des Transportwegs

Beim Kauf eines Produkts sollte auch berücksichtigt werden, woher es kommt. Laut einer Studie des Sustainable Europe Research Institut (SERI) verursacht beispielsweise der Transport von einem Kilogramm Weintrauben von Chile nach Mitteleuropa 7,41 kg CO_2-Ausstoß. Das ist mehr als das 800-Fache der Umweltbelastung von Weintrauben aus dem eigenen Land.

Boykott

Ein stiller Boykott von Produkten aus Billiglohnländern ist aber nicht immer zielführend. Bei vielen Kleidungsstücken wie etwa Jeans gibt es kaum Alternativen. Viele Menschen sind obendrein gezwungen, ihren Bedarf mit preisgünstigen Produkten zu decken. Doch dort, wo es Alternativen gibt, trägt ein bewusster Einkauf zu einer positiven Kettenreaktion bei. Er hilft jenen ProduzentInnen, die auf höhere Sozial- und Umweltstandards setzen, er erhöht den Lebensstandard in ärmeren Ländern und er wirkt als Vorbild für andere Unternehmen.

4.5 Nachhaltige Umweltpolitik

Ähnlich wie die Armut lassen sich viele Umweltprobleme – wie etwa der Klimawandel – nur durch globale Zusammenarbeit lösen. Dabei steht außer Zweifel, dass Länder, die wegen ihres großen Wohlstands mehr zur Umweltverschmutzung beitragen, auch einen höheren Anteil zur Reparatur des weltweiten Ökosystems zahlen müssen. Manchmal entsteht der Eindruck, Umweltpolitik sei ein Luxus und nur dann zu rechtfertigen, wenn sich vorher die Wirtschaft ausreichend gut entwickelt hat. Damit aber nicht nachträglich erhebliche Kosten für ein Land entstehen, muss bereits in der Entwicklungsphase darauf geachtet werden, dass auf das ökologische System Rücksicht genommen wird.

Abb. 68: **Sauberes Trinkwasser** ist heute nicht mehr selbstverständlich

Trinkwasser

Anschaulich wird dieses Problem beim Trinkwasser: Achtet ein Land bei seiner wirtschaftlichen Entwicklung nicht darauf, durch ausreichende Filter- und Kläranlagen industriell genutzte Wasserressourcen rein zu halten, benötigt es später umso größeren finanziellen Aufwand, das verschmutzte Trinkwasser zu reinigen. Dazu kommen die Kosten für gesundheitliche Probleme. Jahr für Jahr sterben in ärmeren Ländern insgesamt fünf Millionen Menschen an Krankheiten, die durch verschmutztes Wasser verursacht werden. Viele Entwicklungshilfeorganisationen und auch die Vereinten Nationen haben erkannt, dass eine Hilfe für ärmere Länder nur dann nachhaltig und sinnvoll ist, wenn sie auch zur Verbesserung des ökologischen Gleichgewichts beiträgt.

Der ökologische Fußabdruck

Wer wissen möchte, welchen Einfluss er selbst auf die Umwelt hat, kann seinen ökologischen Fußabdruck berechnen. Dieser Rechnung liegt zugrunde, dass alle natürlichen Rohstoffe, die wir zum Wohnen, Reisen, Essen oder im Verkehr verwenden, auf unserem Planeten Platz brauchen. Außerdem benötigt die Natur Platz, um sich zu regenerieren – zum Beispiel sind Wälder notwendig, um das ausgestoßene CO_2 zu binden. Das Rechenmodell wurde von den Wissenschaftlern William Rees und Mathis Wackernagl entwickelt: Der ökologische Fußabdruck einer Person oder eines Landes wird in „Global Hektar" (1 Hektar = 10 000 m^2) gemessen. Je größer der Abdruck ist, desto stärker belastet der Mensch die Umwelt. Im Internet finden sich zahlreiche Plattformen, über die man seinen persönlichen Fußabdruck berechnen kann. Österreich: www.mein-fussabdruck.at, Deutschland: www.CO2-fussabdruck.de, Schweiz: www.footprint.ch

Umweltaspekt

Länder wie Indien und China, deren wirtschaftliche Entwicklung in den letzten Jahrzehnten sehr schell erfolgte, haben durch das Streben nach maximalem Wirtschaftswachstum den Umweltaspekt leider lange beiseite geschoben. Die Folge davon sind dramatische ökologische Belastungen. Europäische und US-amerikanische ForscherInnen haben in einer Studie untersucht, welche Länder eine nachhaltige – auf die Zukunft ausgerichtete – Umweltpolitik betreiben und welche davon weit entfernt sind. 76 verschiedene Daten – von der Entwicklung der Luftverschmutzung bis zum Umweltmanagement – wurden eingerechnet. Deutschland landete von 146 untersuchten Ländern auf Platz 31, Österreich auf Platz 10 und die Schweiz auf Platz 7. Abgeschlagen liegen sowohl ärmere Entwicklungsländer als auch aufstrebende Wirtschaftsnationen wie Indien (Platz 101) und China (Platz 133).

Abb. 69: **Index zur nachhaltigen Umweltpolitik** (ESI) (Quelle: Yale Center for Environment Law and Policy in collaboration with World Economic Forum „Environmental Sustainability Index", 2005)

Die fünf besten Länder:	Die fünf schlechtesten Länder:
Finnland	Nordkorea
Norwegen	Irak
Uruguay	Taiwan
Schweden	Turkmenistan
Island	Usbekistan

Ressourcenverbrauch

Die Verantwortung liegt trotzdem nicht allein bei Ländern, die noch einen wirtschaftlichen Nachholbedarf haben. Im Gegenteil: Das Europäische Institut für nachhaltige Entwicklung (SERI, Sustainable Europe Research Institute) kommt zum Schluss, dass vor allem die reicheren Länder der Welt ihren Umgang mit den natürlichen Ressourcen radikal ändern müssen. So heißt es in einer Studie: „Der derzeit rasante Verbrauch von natürlichen Ressourcen (Öl, Metalle, Holz, Fische, Wasser etc.) beraubt zukünftige Generationen ihrer Lebensgrundlage bzw. verhindert, dass arme Länder ihren materiellen Verbrauch erhöhen können, um menschenwürdige Lebensbedingungen zu schaffen." SERI warnt ebenso wie der UNO-Klimabericht vor künftigen gewaltsamen Auseinandersetzungen um knappe Ressourcen.

Recycling

Das Problem tritt vor allem dort auf, wo natürliche Ressourcen ausgebeutet werden, die nicht mehr so schnell neu entstehen oder die durch Umweltbelastungen nicht mehr verwendbar sind. Es wäre wichtig, den Verbrauch von solchem Material – zum Beispiel Regenwaldhölzer oder fossile Brennstoffe wie Öl und Kohle – einzuschränken und gleichzeitig bei jenen Ressourcen, bei denen es möglich ist, die Wiederverwertung (Recycling) zu erhöhen. Dies fordert ein radikales Umdenken in Politik, Unternehmen und auch bei KonsumentInnen.

Abb. 70: **Papierverbrauch pro Kopf** 2006 in Kilogramm pro Jahr (Daten aus: Verband Deutscher Papierfabriken VDP „Papierkompass 2008")

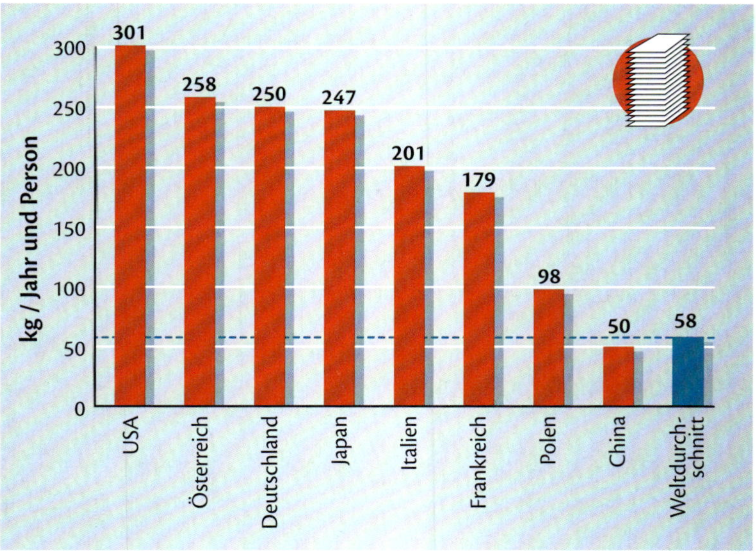

Staatliche Lenkung der Umweltpolitik

Um für alle Betriebe und Bürger gleiche Bedingungen zu schaffen, wurden schon bisher von verantwortungsvollen Regierungen Umweltgesetze erlassen. Sie sorgen etwa durch geringere Steuern auf umweltfreundliche Verkehrsmittel für eine Senkung der Luftverschmutzung, sehen Umweltprüfungen für neue Betriebe vor oder verbieten die Verwendung von gefährlichen Substanzen in Wasserschutzgebieten. Das Problem ist allerdings, dass einseitige nationale Regelungen auch einen Wettbewerbsnachteil für die jeweilige Volkswirtschaft auslösen können. Eine wirklich effiziente Umweltpolitik, die faire Bedingungen für alle schafft, kann deshalb nur in größeren Gemeinschaften wie der Europäischen Union oder im Rahmen der Vereinbarungen in den Vereinten Nationen umgesetzt werden.

Müllexport

Um die globale Umweltsituation zu verbessern, muss vor allem die Verlagerung von Umweltproblemen in ärmere Länder gestoppt werden. Derzeit wird immer mehr gefährlicher Müll in ärmere Länder exportiert, wo er weder fachmännisch noch ökologisch gelagert oder aufbereitet wird. Ein Beispiel ist das Abwracken europäischer und amerikanischer Schiffe, das von Indien, Pakistan und Bangladesch übernommen wird. Im indischen Alang zerlegen ArbeiterInnen ohne jegliche Sicherheitsvorkehrungen die ausgedienten Ozeanfrachter und hantieren dabei nicht nur mit Metallen, sondern auch mit gesundheitsgefährdenden Stoffen wie Asbest. Die einst unberührten Strände um die Stadt sind heute verseucht. Gründe, warum die Schiffe nicht in Europa zerlegt werden, sind die hohen und damit teuren Umweltauflagen in der EU sowie die höheren Lohnkosten.

Kosten der Umweltpolitik

Das Problem an der Umweltpolitik ist, dass sie meist viel Geld kostet, bevor sie für die InvestorInnen rentabel wird. Manche Kosten sind auch nicht einfach zu beziffern, weil sie die Lebensqualität der Menschen erhöhen und sich letztlich erst über eine lange Periode durch geringere Kosten für das Gesundheitssystem rechnen.

• • • • •

Jaimi L. kommt aus einer jüdischen Familie aus Polen, die nach Brasilien geflüchtet ist. Der gelernte Architekt setzt sich seit vielen Jahren für eine ökologische und soziale Stadtplanung seiner neuen Heimatstadt Curitiba ein. Zwischen 1971 und 1992 war er dreimal Bürgermeister der südbrasilianischen Stadt, die sich unter seiner Leitung zu einem Vorzeigeprojekt entwickelt hat. Jaimi L. sorgte für den Ausbau des öffentlichen Verkehrs: In Curitiba wurden Schnellbuslinien mit innovativen Einstiegsstellen eingeführt, die es für viele EinwohnerInnen attraktiv gemacht haben, auf die Verwendung des eigenen Pkw zu verzichten. Gemeinsam mit weiteren Maßnahmen wurde die Umweltbelastung drastisch reduziert. Jaimi L. gelang es auch, mit neuen Parkanlagen, einem funktionierenden Gesundheitssystem und einem neuen Wohnbaukonzept Curitiba zu einer lebenswerten Stadt umzugestalten.

• • • • •

Abb. 71: **Verbrauch von Umweltressourcen**, wenn 2050 alle Menschen auf US-Niveau leben würden (Quelle: Sustainable Europe Research Institute SERI „Europas globale Verantwortung", 2006; www.seri.at)

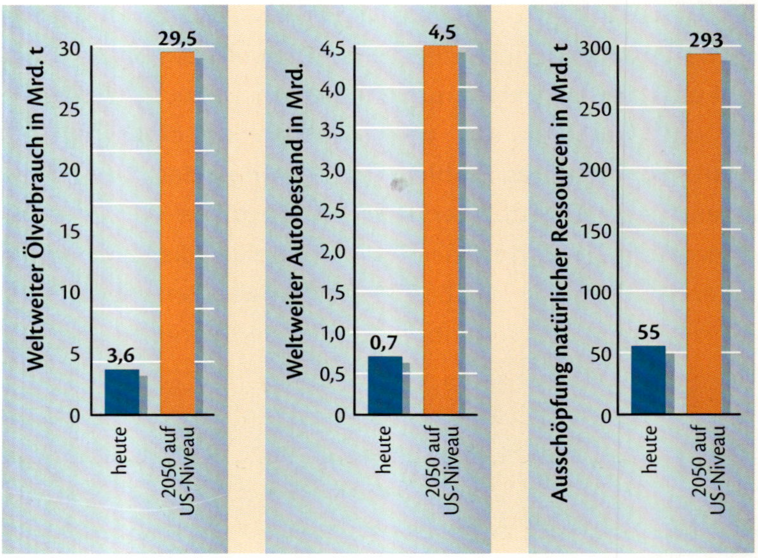

Der globale Umweltraum

Bisher haben vor allem reichere Industrienationen Umweltressourcen – allen voran fossile Brennstoffe – ohne große Rücksichtnahme ausgeschöpft. Wenn künftige Generationen ähnliche Entwicklungschancen wie heute vorfinden wollen, muss unser Naturverbrauch deutlich eingeschränkt werden. Das Europäische Institut für nachhaltige Entwicklung (SERI) beschreibt den „Umweltraum" als die Gesamtmenge an Energie, nichterneuerbaren Rohstoffen, landwirtschaftlicher Fläche, Wald usw., die jeder Mensch nutzen kann, ohne den natürlichen Ressourcen irreversiblen Schaden zuzufügen. Um ärmeren Ländern überhaupt noch eine faire Chance für einen wirtschaftlichen Aufschwung zu geben, müssen laut SERI reichere Industrienationen wie die USA und die Länder der Europäischen Union ihren Umweltverbrauch in den nächsten 50 Jahren um 80 bis 90 Prozent einschränken.

Umweltzertifikate

Wie kann allerdings jede und jeder Einzelne dazu beitragen, das ökologische System nachhaltig abzusichern? Die Aufgaben reichen von einem verantwortungsvollen Umgang mit Energie (Stromsparen, öffentliche Verkehrsmittel nutzen, Wärmedämmung etc.) über den bewussten Einkauf bis hin zur Entsorgung der Produkte. Eine Vielzahl an Kennzeichnungen und Zertifikaten beschreibt heute die Umweltverträglichkeit von Produkten. Hier können nur einige Beispiele angeführt werden:

So hat die Wasch- und Reinigungsmittelindustrie unter dem Namen **„Sustainable Cleaning"** (nachhaltige Reinigung) einen europaweiten Standard entwickelt. Die Waschmittel, auf deren Verpackung sich eine Weltkugel mit Waschsymbolen findet, entsprechen in ihrer Umweltverträglichkeit höheren Standards.

In der EU gibt es die **Blume** als Ökolabel, die Produkte und Dienstleistungen mit den geringsten Umweltauswirkungen innerhalb einer Warengruppe auszeichnet. Es gibt eine unabhängige Kontrolle, die von der Herstellung bis zur Entsorgung die ökologischen Folgen des gesamten Lebenszyklus des Produkts einrechnet.

Eines der vielleicht bekanntesten Ökolabels ist der **Grüne Punkt**, der in der EU, Norwegen, Kanada und der Türkei angewendet wird und signalisiert, dass die Verpackung von Produkten wiederverwertet wird. Ziel ist es, die Wiederverwertungsrate von Materialen zu erhöhen. Verpackungen, die mit dem Grünen Punkt gekennzeichnet sind, werden nicht im Restmüll, sondern in den Containern für Altpapier, Kunststoff, Metall oder Altglas entsorgt. Der Punkt, der übrigens nicht unbedingt grün sein muss, bedeutet auch, dass die Herstellerfirmen bzw. Abfüller einen Beitrag für die Sammlung und Vorbereitung zur Wiederverwertung entrichtet haben.

Auch für stromsparende Bürogeräte gibt es eine Kennzeichnung, den **Energy-Star**, der in den USA entwickelt wurde und den auch die EU übernommen hat. Diese freiwillige Kennzeichnung gilt für Geräte, die besonders energiesparend funktionieren. Beispielsweise liegt der Verbrauch von PCs zwischen 400 und 40 Kilowatt pro Stunde. Wer auf die Energieeffizienz schaut, schont nicht nur die Umwelt, sondern spart auch bei der Stromrechnung.

Seit vielen Jahren hat sich der **Blaue Engel** als Umweltzeichen bewährt. Der Klassiker unter den Umweltkennzeichen gilt für Produkte, die in ihrer Produktgruppe die geringste Umweltbelastung verursachen. Das Umweltzeichen wird in Deutschland von der Jury „Umweltzeichen" vergeben, der VertreterInnen von Verbraucherverbänden, Gewerkschaften, Industrie, Handel, Wissenschaft, Politik und Kirchen angehören. Ausgezeichnet werden der sparsame Einsatz von Rohstoffen bei Herstellung und Gebrauch, eine möglichst lange Lebensdauer und eine einfache Entsorgung.

Österreich verfügt über ein eigenes **Umweltzeichen** für umweltfreundliche Produkte und Dienstleistungen, das vom Umweltministerium gemeinsam mit dem Verband für Konsumenteninformation VKI verwaltet und vergeben wird. Dieses Zeichen erhalten auch Schulen und andere Bildungseinrichtungen, die sich für eine bessere Umwelt engagieren.

Ein eigenes Gütezeichen für „ethische Lebensmittel" vergibt das Ökosoziale Forum in Wien (www.fairea.eu). Geprüft werden die Auswirkungen auf Umwelt, Tiere und Menschen bei der Herstellung sowie der Energieeinsatz und die Transportwege.

Wer beim Einkauf von Produkten auf ihre Umweltverträglichkeit achten möchte, kann sich auf der Internetseite von Ökotest http://www.oekotest.de oder von der Zeitschrift „Der Konsument" www.konsument.at über aktuelle Fragen zu diesem Thema informieren.

4.6 Bildung & Innovation

Ideen und Innovationen

Die Bildung wurde im Zeitalter des großen Globalisierungsschubs zu einem entscheidenden Faktor bei der Frage, welche Staaten im internationalen Wettbewerb führende Positionen erlangen und welche zurückfallen. Da Arbeitsleistung und Produktivität kaum noch zu steigern sind und wichtige natürliche Ressourcen knapp werden, sind Ideen und Innovationen der Menschen heute die bedeutendste Grundlage für ein weiteres Wirtschaftswachstum. Dies betrifft insbesondere auch Europa, wo einfache Produktionen mit Billiglohnländern nicht mehr mithalten können. Gebraucht werden hier vermehrt gut ausgebildete Kräfte und Menschen, die neue Ideen liefern.

Bildung ist zum wichtigsten Gut weltweit geworden. Auch neue Industrienationen und wirtschaftliche Schwellenländer haben die Ausgaben in Schul- und Erwachsenenbildung deshalb deutlich erhöht: So hat China die Zahl der AkademikerInnen innerhalb weniger Jahre verdoppelt und an Indiens Universitäten und Hochschulen erhalten jedes Jahr fast eine Million AbsolventInnen ein Diplom, darunter 300 000 IngenieurInnen. ComputerexpertInnen aus Indien werden auch in Europa und den USA gesucht.

Abb. 72: **Bedeutung von Innovation für Mensch und Wirtschaft** (Quelle: Wirtschaftsmuseum „Innovation – Eine Information des Österr. Gesellschafts- und Wirtschaftsmuseums und des Bundesministeriums für Verkehr, Innovation und Technologie" 2007)

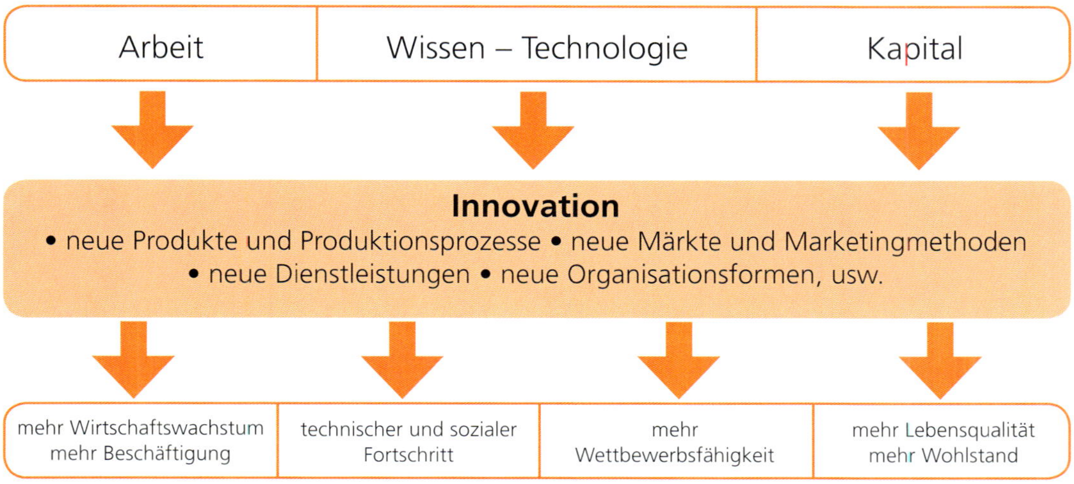

Bildungsgrad

Der Bildungsgrad trennt Länder, die sich wirtschaftlich entwickeln, von jenen, die es bis jetzt nicht schaffen, an der Globalisierung teilzunehmen. Die ärmsten Länder der Welt weisen bei der Schulbildung noch immer einen großen Rückstand auf. Vor allem afrikanische Staaten werden die Vorgabe der Vereinten Nationen, bis zum Jahr 2015 allen Kindern weltweit zumindest eine Grundschulbildung zu vermitteln, nicht erreichen. Zwar ist in den Ländern südlich der Sahara der Anteil der Kinder, welche eine komplette Grundschulbildung erhalten, seit 1990 von unter 50 auf über 60 Prozent gestiegen, aber noch immer brechen vier von zehn afrikanischen SchülerInnen die Ausbildung ab. Meist hat dies den simplen Grund, dass die Eltern den Unterricht nicht mehr bezahlen können oder die Kinder zum Lebensunterhalt der Familie beitragen müssen.

Schulgeld

In vielen Staaten ist der Zugang zu Schulen keineswegs – wie in Europa – kostenlos. In Indien etwa sind 80 Prozent des Schulsystems privatisiert, wodurch vor allem der Besuch höherer Schulen viel Geld kostet und ärmere Schichten der Bevölkerung benachteiligt bleiben. Vom Bildungsziel der Vereinten Nationen sind vor allem ärmere Länder noch weit entfernt.

Aber in der globalisierten Welt, wo Wissen durch die Informationstechnologie überall abrufbar ist, müssen auch reiche Industrienationen aufpassen, dass sie bei der Anwendung von Wissen in der Praxis nicht ins Hintertreffen geraten. Daher fließt in Europa und in den USA mehr Geld in den Bildungssektor als früher.

Abb. 73: **Grundschulbildung** für alle (Daten aus: Weltbank 2005)

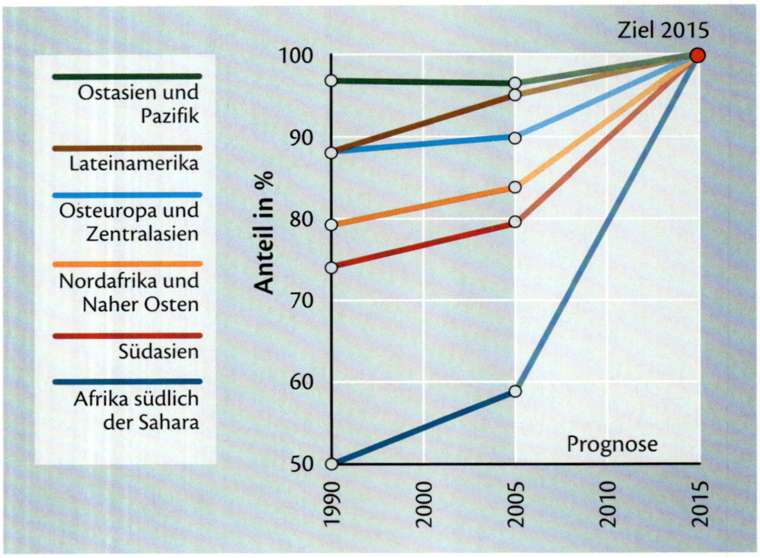

Lebenslanges Lernen

Europa unternimmt seit Jahren Anstrengungen, damit es bei der Entwicklung der Informationstechnologie im Vergleich zu den USA nicht zurückfällt. Im Jahr 2000 haben die Staats- und Regierungschefs der EU in Lissabon vereinbart, dass die Europäische Union bis zum Jahr 2010 zur „größten und dynamischsten wissensbasierten Region der Welt" aufsteigen soll. Dazu sollen mehr Investitionen in das Bildungssystem beitragen und auch der Anteil der Ausgaben für Forschung und Entwicklung soll angehoben werden. „Lebenslanges Lernen" heißt die Devise, damit Fachkräfte den ständig neuen Anforderungen der „Wissensgesellschaft" gewachsen sind.

Warum der iPod kein europäisches Produkt ist

Vor allem die Vernetzung zwischen der Forschung in staatlichen und in privaten Einrichtungen und den Unternehmen funktioniert in Europa nicht so gut wie in anderen Teilen der Welt. Paradebeispiel ist der MP3-Player, der zwar in einem bayrischen Forschungsinstitut der „Fraunhofer-Gesellschaft" entwickelt wurde, dann aber keinen europäischen Konzern als Produzenten fand. So nutzte der US-amerikanische Apple-Konzern die deutsche Erfindung der digitalen Komprimierung von Musik und machte daraus einen weltweiten Verkaufsschlager, den iPod.

PISA-Test

Unter den Mitgliedsstaaten der Organisation für wirtschaftliche Zusammenarbeit und Entwicklung (OECD) wird alle drei Jahre ein Vergleichstest der 15-jährigen SchülerInnen durchgeführt, der sogenannte PISA (Programme for International Student Assessment)-Test. Dabei werden mittels standardisierter Fragebögen die Fähigkeiten der SchülerInnen der jeweiligen Länder ermittelt, wobei auch ein Zusammenhang zwischen schulischen Leistungen und der sozialen und ethnischen Herkunft der SchülerInnen untersucht wird. Die Studie erhebt, wie gut Jugendliche in den Kompetenzbereichen Naturwissenschaften, Lesen und Mathematik abschneiden. Auf den vorderen Rängen finden sich Länder wie Südkorea und Finnland, Deutschland und Österreich liegen im Mittelfeld. Auch wenn die PISA-Studie nicht unumstritten ist, machte sie trotzdem deutlich, dass es in vielen europäischen Ländern ein Verbesserungspotenzial im Bildungssystem gibt.

Erasmus-Programm

Im Universitäts- und Hochschulwesen hat Europa die Kooperation zwischen den Mitgliedsländern bereits verstärkt. So werden Subventionen vorzugsweise für solche Forschungsprojekte vergeben, an denen mehrere Universitäten aus verschiedenen EU-Mitgliedsstaaten mitwirken. Die EU fördert auch den Austausch von Studierenden durch spezielle Förderprogramme wie z. B. „Erasmus". Bis 2007 haben bereits über eine halbe Million junger EU-Bürger ein oder mehr Semester ihres Studiums an einer Universität in einem anderen EU-Land verbracht. Damit erhalten sie Einblicke in andere Bildungssysteme und Kulturkreise und können gleichzeitig auch ihre Fremdsprachenkenntnisse vertiefen. Die EU zahlt einen monatlichen Zuschuss von einigen Hundert Euro.

• • • • •

Die 22-jährige Anna F. studiert an der Wiener Wirtschaftsuniversität Betriebswirtschaft. Nach vier Semestern wechselte sie für ein Jahr an die Pariser Sorbonne. Ein Stipendium im Rahmen des EU-Studentenaustauschprogramms „Erasmus" unterstützte sie dabei mit einem monatlichen Zuschuss von 350 Euro, wobei sie auch die hohen französischen Studiengebühren nicht zahlen musste. „Ich habe in diesem Jahr unheimlich viel gelernt und dabei auch mein Französisch perfektioniert", erzählt Anna. „Zwei Semester an einer ausländischen Universität erweitern den Horizont und ermöglichten mir Einblicke in die französische Unternehmenskultur. All dies hätte ich in Wien nie in noch so guten Vorlesungen erfahren."

• • • • •

E-Learning

Das Internet hat nicht nur einen Schub für den internationalen Handel gebracht, es hat auch neue Chancen für die Bildung geschaffen, weil unzählige Informationen sofort abfragbar sind. Freilich sind nicht alle Inhalte vertrauenswürdig; auch das beliebte Lexikon Wikipedia kann Fehler oder sogar manipulierte Passagen enthalten. Viele Schulen kombinieren den Unterricht bereits mit Online-Material und in der beruflichen Aus- und Fortbildung können Spezialkurse über das Internet absolviert werden – „E-Learning" boomt. Auch immer mehr Universitäten bieten Zugang zu Online-Bildungsprogrammen an: So hat die renommierte Berkeley-Universität in Kalifornien eine Präsentation auf „youtube" ausgearbeitet, über die StudentInnen Vorlesungen im Internet mitverfolgen können. Die private Stanford-Universität wiederum bietet Wissensvermittlung via „itunes" an – „Lernen so einfach wie Musikhören" heißt die Devise. (Links zu Bildungsinformationen und E-Learning finden sich im Anhang.)

Längst hat auch auf dem Bildungssektor eine Internationalisierung eingesetzt. Spezialausbildungen sind zu einem Exportgut geworden. So hat beispielsweise das österreichische Wirtschaftsförderungsinstitut WIFI seine Aktivitäten auf Mittel- und Osteuropa ausgeweitet und kooperiert nun in der beruflichen Aus- und Weiterbildung mit Instituten etwa in Polen und Rumänien. In Deutschland geht das Bundesinstitut für Berufsbildung BIBB einen ähnlichen Weg und kooperiert mit 16 anderen nationalen Berufsbildungsinstituten.

Die besten Universitäten

Die chinesische Jiao Tong Universität in Shanghai kürt jedes Jahr im August die 500 besten Unis der Welt (vgl. http://www.arwu.org). Bei der Bewertung zählen die Anzahl der Nobelpreisträger und sonstiger wichtiger Preisträger unter den AbsolventInnen und ProfessorInnen sowie die Zahl der Aufsätze in wissenschaftlichen Publikationen. Mehr als die Hälfte der Top 100 nehmen US-amerikanische Universitäten ein. Unter den ersten zehn sind neben den acht amerikanischen Spitzenunis wie Harvard, Stanford und Berkeley nur zwei europäische: die britischen Vorzeigeuniversitäten Cambridge und Oxford.

4.7 Sozialpartner als Stabilisierung

Interessen-ausgleich

Wenn Interessen gebündelt statt gegeneinander ausgespielt werden, profitieren alle Beteiligten davon. Nach diesem Modell funktioniert die Sozialpartnerschaft. Da ArbeitgeberInnen, ArbeitnehmerInnen und beispielsweise auch Landwirte ganz unterschiedliche Interessen haben, wurde in mitteleuropäischen Ländern das System des sozialen Abgleichs entwickelt. Auf dem Verhandlungstisch werden Interessenkonflikte auf friedliche Weise gelöst. Länder mit einer funktionierenden Sozialpartnerschaft weisen deshalb weniger Streiks und ein besseres soziales Klima auf als Länder ohne diesen institutionalisierten Interessenausgleich.

Abb.74: **Gegensätzliche Interessen** werden am Verhandlungstisch diskutiert

Angesichts der wirtschaftlichen Vernetzung arbeiten sowohl Arbeitnehmer- als auch Arbeitgebervertretungen auch in globalen Organisationen zusammen. Von einer weltweiten Sozialpartnerschaft ist dieses Modell freilich noch weit entfernt. Obwohl es gemeinsame Herausforderungen zu bewältigen gibt, sind nationale Interessen und gewachsene nationale Standards oft noch ein Hemmschuh für ein starkes gemeinsames Vorgehen.

Musterland Österreich

In Österreich hat sich in der Zweiten Republik eine der stärksten und effizientesten Sozialpartnerschaften Europas und weltweit etabliert. Vertretungen der ArbeitgeberInnen, der ArbeitnehmerInnen und der Landwirtschaft sorgen für einen Abgleich ihrer Interessen. Traditionell ist auch ihr Einfluss auf die Politik ziemlich groß, denn beim Wiederaufbau nach dem Zweiten Weltkrieg nahm die Sozialpartnerschaft eine wichtige Funktion ein: Im Interesse des sozialen Friedens vereinbarten die Interessenvertretungen nicht nur Lohnabschlüsse und Kollektivverträge, sondern sorgten auch für eine politische Kultur, in der gewaltsame Konflikte, wie sie zum Ende der Ersten Republik noch auf der Tagesordnung standen, keinen Platz mehr hatten. KritikerInnen führen freilich an, dass die Kultur der Sozialpartnerschaft auch die notwendige Flexibilität im Zeitalter der Globalisierung behindere.

Gewerkschaften

Die nationalen Arbeitnehmervertretungen erkannten schon zu Beginn des 20. Jahrhunderts die Notwendigkeit eines internationalen Zusammenschlusses. Bereits im Jahr 1901 wurde mit dem Aufbau der Internationalen Organisation Freier Gewerkschaften begonnen, und gemeinsam wurde etwa die Etablierung der International Labour Organization (ILO) beim Völkerbund (später UNO) durchgesetzt. Doch arbeiteten nach wie vor viele Organisationen parallel für das Wohl der ArbeitnehmerInnen. Um die Kräfte zu bündeln, wurde 2006 in Wien der Internationale Gewerkschaftsbund (IGB oder engl. ITUC) gegründet, der nun eine neue Dachorganisation bildet. Dem IGB gehören 305 Gewerkschaften aus 153 Ländern mit 167,6 Millionen Mitgliedern an. Ziele des IGB sind die Vertretung von Arbeitnehmerinteressen, gemeinsame Sozialstandards und eine fairere Verteilung von Einkommen.

Arbeitgeberorganisationen

Auf der Seite der Arbeitgebervertretungen gibt es ebenfalls zahlreiche Organisationen. Als weltweite Vereinigung hat sich die International Organization of Employers (IOE) herausgebildet, in der 145 nationale Arbeitgeberorganisationen aus 138 Ländern organisiert sind. Unterrepräsentiert ist hier freilich der Mittelstand, also die Klein- und Mittelbetriebe, die den größten Anteil an Wirtschaftsleistung und Arbeitsplätzen beitragen, denn die Plattform wird von der Industrie dominiert. Ziel der IOE ist es, die positiven Seiten der Globalisierung in den Vordergrund zu stellen. Gemeinsam geht es darum, die Marktwirtschaft und den freien Handel als Basis des Wirtschaftswachstums zu stärken und ein Wirtschaftsklima zu schaffen, in dem Innovationen erleichtert werden. Die IOE tritt für Bildungsinitiativen ein und dafür, dass die Chancen der Globalisierung allen offenstehen. Die Organisation stellt sich nicht gegen gemeinsame Sozialstandards, aber sie will diese im Interesse der ArbeitgeberInnen etwa in den dafür vorgesehen UNO-Institutionen mitgestalten.

Vorreiter EU

Auf der Ebene der Europäischen Union wirken die Sozialpartner in einer eigenen Institution, dem Europäischen Wirtschafts- und Sozialausschuss (EWSA) in Brüssel. Dort treten in drei Fachgruppen über 350 VertreterInnen von Unternehmen, Gewerkschaften sowie von Interessenverbänden (Industrie, kleine und mittlere Unternehmen, Konsumentenschutz, Umweltverbände, Landwirtschaft und freie Berufe) in verschiedenen Arbeitskreisen regelmäßig zusammen. Bevor neue EU-Regelungen in Kraft treten, geben die Mitglieder des EWSA eine Stellungnahme zum geplanten Gesetz ab; EU-Rat und EU-Parlament müssen die Argumente aber nicht zwangsläufig berücksichtigen. Der EWSA besitzt beratenden (konsultativen) Status, hat aber auch ein Initiativrecht – er kann also neue Regelungen beantragen.

EU-Sozialpartner

Auf EU-Ebene sind mehrere Organisationen als Sozialpartner aktiv: Der 1973 gegründete Europäische Gewerkschaftsbund (EGB) vertritt 60 Millionen Mitglieder und 77 Gewerkschaftsbünde aus allen EU-Ländern und acht Ländern außerhalb der EU. Auf der anderen Seite stehen der Dachverband der europäischen Industriellen „BusinessEurope" (früher: UNICE) und der Dachverband der Wirtschaftskammern „Eurochambres". Zusammen wurden wichtige EU-Regelungen beeinflusst, so etwa die Richtlinien zur Teilzeitarbeit, zum Elternurlaub oder zur Schaffung von Betriebsräten in europaweit tätigen Unternehmen. Auch die Finanzierung der Alterspensionen, für die in vielen EU-Ländern oft weitreichende und mit Einsparungen verbundene Reformen unternommen werden, beschäftigt die europäischen Sozialpartner.

Herausforderungen für die Sozialpartnerschaft

Die Sozialpartnerschaft ist einer ständigen Veränderung ausgesetzt. Neben der globalen Herausforderung müssen auch interne Probleme überwunden werden. So sinkt beispielsweise in vielen Ländern die Zahl gewerkschaftlich organisierter ArbeitnehmerInnen wegen des Rückgangs „klassischer" Vollerwerbs-Arbeitsplätze. Neue Formen der Selbstständigkeit haben einen Graubereich von Erwerbstätigen geschaffen, weil diese Gruppe weder in das klassische Muster der Arbeitgeberorganisationen noch in jenes der Arbeitnehmerorganisationen passt.

Abb. 75: **Streiks** sind Ausdruck ungelöster Sozialkonflikte (Frankreich, 17.6.2008 – Streiks gegen Reformpläne der Regierung in Bezug auf das Arbeitsrecht)

Selbsttest und Übungsaufgaben zu Kapitel 4 „Überwindung der Kluft – mögliche Gegenmaßnahmen“

Versuchen Sie, die folgenden Aussagen mithilfe des Buches zu überprüfen. Schreiben Sie spontan Ihre eigene Ansicht zu diesem Thema auf.

▶ Aussage 1:

Die schlimmste Armut jener Menschen, die mit weniger als einem US-Dollar pro Tag leben müssen, hat sich verringert. Dennoch hat das Ungleichgewicht zwischen Arm und Reich zugenommen.
Trifft dies zu?

○ ja ○ nein ○ sowohl als auch

Begründung ....

....

Es gibt ManagerInnen, die um ein Vielfaches mehr verdienen als ihre MitarbeiterInnen. Soll es Ihrer Ansicht nach auch Obergrenzen für Gehälter geben oder behindern diese nur das berufliche Engagement und die Motivation in der Arbeitswelt?

....

....

Internetaufgabe

Besuchen Sie die Internetseite des Internationalen Währungsfonds www.imf.org. Suchen Sie das Länderprofil eines Entwicklungslandes (z. B. Burundi) und finden Sie heraus, wie viel Wirtschaftswachstum (Prozent des BIP/GDP) das Land im letzten Jahr verzeichnet hat.

• • • • •

▶ Aussage 2:

Mikrokredite sind lediglich etwas für ärmere Länder, in entwickelten Ländern wie Deutschland spielen sie keine Rolle.
Ist das wahr? ○ ja ○ nein ○ sowohl als auch

Begründung ....

....

Wenn Sie ein kleines Unternehmen gründen könnten, für welche Branche würden Sie sich entscheiden? Schätzen Sie ganz unverbindlich, wie viel Geld Sie für den Start benötigen würden.

....

....

Internetaufgabe

Gehen Sie auf die Homepage der Grameen Bank www.grameen-info.org. Suchen Sie nach Projekten, die dieses Finanzinstitut des Nobelpreisträgers Yunus im Bildungsbereich mitermöglicht hat.

• • • • •

▶ Aussage 3:

Aktienhandel ist wegen der vielen Spekulationen jedenfalls problematisch – sowohl für ArbeitgeberInnen als auch für ArbeitnehmerInnen.

Ist das wahr? ○ **ja** ○ **nein** ○ **sowohl als auch**

Begründung ……………………………………………………………………………………

……………………………………………………………………………………………………

Wenn Sie Geld zum Anlegen hätten, würden Sie dieses Geld ganz oder teilweise in Aktien investieren? Und warum (nicht)?

……………………………………………………………………………………………………

……………………………………………………………………………………………………

Internetaufgabe

Besuchen Sie die Internetseite www.aktiencheck.de. Sie sehen die jüngste Entwicklung des deutschen Aktienindex DAX und des amerikanischen Dow Jones-Index. Welcher hat sich zuletzt besser entwickelt? Nennen Sie Aktien, die sich besonders gut und solche, die sich besonders schlecht entwickelt haben.

▶ Aussage 4:

Die einfachen KonsumentInnen haben sowieso keine Chance, etwas zu bewegen. Es ist also sinnlos, sich darüber zu informieren, woher ein Produkt kommt und unter welchen Bedingungen es hergestellt wurde.

Ist das wahr? ○ **ja** ○ **nein** ○ **sowohl als auch**

Begründung ……………………………………………………………………………………

……………………………………………………………………………………………………

Sind Sie als KonsumentIn bereit, für bessere Qualität oder höhere Sozialstandards auch einen höheren Preis zu bezahlen? Wenn ja, warum?

……………………………………………………………………………………………………

……………………………………………………………………………………………………

Internetaufgabe

Fairtrade bietet Produkte an, die unter sozialen und ökologischen Bedingungen hergestellt werden. Suchen Sie auf der Homepage www.fairtrade.at, www.fairtrade.de oder www.fairtrade.ch nach Kriterien, die Unternehmen erfüllen müssen, um das Fairtrade-Zeichen zu erhalten. Welche Kriterien erscheinen Ihnen besonders wichtig?

► Aussage 5:

Die reicheren Industrieländer verbrauchen so viele Umweltressourcen, dass für ärmere Länder kaum noch etwas übrig bleibt. Ist es fair, dass hoch entwickelte Länder deshalb mehr zum nachhaltigen Umweltschutz beitragen müssen?

○ **ja** ○ **nein** ○ **sowohl als auch**

Begründung ....

....

Was könnten Sie persönlich zum Umweltschutz beitragen? Geben Sie drei Beispiele aus dem täglichen Leben.

....

....

Internetaufgabe

Testen Sie nun, wie groß der ökologische Fußabdruck ist, den Sie in der Welt hinterlassen. Für Österreich: www.fussabdruck.at, Deutschland: www.CO2-fussabdruck.de, Schweiz: www.footprint.ch. Stellen Sie fest, ob Sie die Umwelt mehr oder weniger als der Durchschnitt belasten.

• • • • •

► Aussage 6:

Bildung und Innovation sind wichtige Wachstumsfaktoren. Sie sind auch für das Wirtschaftswachstum gut entwickelter Länder wichtiger als eine noch größere tägliche Arbeitsleistung jeder einzelnen Person.
Ist das wahr? ○ **ja** ○ **nein** ○ **sowohl als auch**

Begründung ....

....

Fassen Sie kurz zusammen, welche Ausbildungen Sie gerne machen würden. Was davon könnten Sie auch beruflich einmal benötigen?

....

....

Internetaufgabe

Besuchen Sie die Homepage für E-Learning des österreichischen bzw. deutschen Bildungsministeriums http://www.e-teaching-austria.at/, http://www.bildungsserver.de/zeigen.html?seite=1560.
Suchen Sie nach einem Online-Bildungsprogramm, das Sie interessieren könnte. Finden Sie das Angebot attraktiv?

5. Geschichte der Globalisierung

„Globales Dorf"

Der Begriff der „Globalisierung" ist erst wenige Jahre alt. Er ist im Zuge der weltweiten Vernetzung – vor allem durch neue Kommunikationswege – nach 1990 entstanden. Das Ende der zweigeteilten Welt – als der Wettkampf der politischen Systeme zwischen West und Ost mit dem Sieg des marktwirtschaftlichen über das kommunistische System entschieden wurde – hat zu einem weltweiten Standortwettbewerb geführt. Zugleich erfasste die Globalisierung alle Lebensbereiche: Positive wie negative Entwicklungen beeinflussen unmittelbar das Leben im „globalen Dorf", und kein Staat, kein Volk und keine Kultur kann sich isoliert davon entwickeln.

Die weltweite Vernetzung hat aber eine längere Entstehungsgeschichte. Militärische Eroberungsfeldzüge wie auch der friedliche Austausch von Waren haben schon vor Jahrtausenden zu oft dauerhaften Beziehungen zwischen Völkern und Erdteilen geführt.

Abb. 76: **Die Entwicklung der globalen Vernetzung** (Quelle: Peter E. Fässler: Globalisierung. Böhlau, UTB 2007)

Zeit	Bezeichnung	Merkmale
bis 1500	Präglobale Epoche	separate Handlungsräume: Eurasien-Afrika, Amerika, Australien
1500–1840	Protoglobalisierung	Entdeckung/Erschließung des Globus, Entstehung von Grundstrukturen moderner Globalisierung
1840–1914	1. Globalisierungsphase	Revolution bei Transport und Kommunikation, führende Hegemonialmacht: Großbritannien
1914–1945	Zeit der Gegenläufe	Weltkriege, Weltwirtschaftskrise, Nationalisierungsbewegungen
1945–1990	2. Globalisierungsphase	Entwicklung von Ansätzen einer Weltwirtschaftsordnung in internationalen Organisationen; führende Mächte: USA, Sowjetunion
1990–heute	3. Globalisierungsphase	Zusammenbruch des Kommunismus, digitale Revolution, Aufstieg multinationaler Konzerne, Vormacht der USA, aufstrebendes China

5.1 Frühe Handelsstraßen

Gold und Silber als Tauschmittel

Den Beginn des Handels zwischen Regionen und Erdteilen setzen Forscher schon mit den frühen Kulturen um das Jahr 5000 vor Christus an. Damals maßen Völker in Mesopotamien (Zweistromland an Euphrat und Tigris), aber auch in Indien und China den Edelmetallen Gold und Silber eine besondere Bedeutung bei, indem sie dafür Waren eintauschten und so erste Handelsbeziehungen zu benachbarten Völkern knüpften. In Keilschrift sind Kaufverträge und Schuldverschreibungen auf Tontafeln aus dem Jahr 2500 v. Chr. festgehalten, die Archäologen auf dem Gebiet des heutigen Irak fanden. Auch erste Banken existierten damals schon: Sie vergaben zwischen Saat- und Erntezeit Darlehen an Bauern. Erste Währungshüter waren Priester, die in Babylon das Gold der Sonne und das Silber dem Mond zuordneten und demnach auch den Umtausch von 1:13,5 festlegten, nach dem Verhältnis des Sonnenjahres zum Mondmonat. Wichtigstes Zahlungsmittel waren Stücke aus gehacktem Silber, woraus später auch Münzen mit Symbolen und Inschriften geprägt wurden.

Abb. 77: **Tontafel** - auf solchen wurden schon etwa 2500 v. Chr. Kaufverträge und Schuldverschreibungen festgehalten

Bronze

Die Pharaonen in Ägypten und die Dynastien in China entwickelten ebenfalls Geschäftsbeziehungen mit ihren jeweiligen Nachbarvölkern. Entlang antiker Handelsrouten wie der Seidenstraße von China in den Vorderen Orient oder der Bernsteinstraße von der Ostsee bis zum europäischen Mittelmeer entstanden Basare und kommerzielle Festungen. Vor allem die Entdeckung des vielseitig verwendbaren Metalls Bronze belebte den Austausch von Waren.

Erste Geldabwertung

Im antiken Griechenland wurde das Recht auf das Prägen von Münzen den unabhängigen Stadtstaaten zuerkannt. Athen wurde das Münzzentrum der antiken Welt, in dem auch erstmals die bis heute gültigen Regeln zur Menge des sich in Umlauf befindlichen Geldes aufgestellt wurden. Um 600 v. Chr. ordnete der Gesetzgeber Solon, einer der „sieben Weisen" des antiken Griechenlands, die erste überlieferte Geldabwertung an, indem er den Silbergehalt der Drachme verringern ließ. Die leichtere attische Münze wurde der in Persien verwendeten Münze wertmäßig angepasst, was den Handel mit dem persischen Reich erleichtern sollte. Im Parthenontempel auf der Akropolis in Athen wurden Münzen aus allen Handelsplätzen zwischen Afrika und dem Schwarzen Meer gehortet. Die im 4. Jahrhundert v. Chr. stabilste Währung war die mit einer Eule, dem Sinnbild der Göttin Athene, geschmückte Tetradrachme des Attischen Seebundes. Das Sprichwort „Eulen nach Athen tragen" stammt aus dieser Zeit.

1. Weltwährung

Alexander der Große (356 bis 323 v. Chr.) schuf eines der ersten Weltreiche, das von Griechenland bis Indien und Ägypten reichte und mit der Drachme auch die erste Weltwährung erhielt. Vom heutigen Libanon aus starteten die Phönizier rege Handelsbeziehungen mit dem antiken Griechenland. Sie eröffneten an der nordafrikanischen Küste Handelsniederlassungen, von denen sich Karthago im heutigen Tunesien zu einem antiken Machtzentrum entwickelte.

Kein Vertrauen in den Wert von Geld

Auch der Erfolg des Römischen Reiches hing mit militärischer Expansion und der eigenen Währung zusammen. Im Tempel der Juno, die auch den Beinamen Moneta trug, prägten Römer ihre Münze, den Denar, der bald von Nordafrika bis Spanien und vom Orient bis zu den britischen Inseln in Umlauf war. Doch die Expansion und vor allem die teuren Kriegszüge verlangten ihren Preis: Der Denar wurde durch laufende Beimengung von Kupfer anstelle teuren Silbers immer wertloser. Gegenmaßnahmen wurden verhängt, so etwa eine Reduzierung der Importe von Luxusgütern wie Seide. Doch auch Währungsreformen wie unter Kaiser Konstantin (306 bis 337 n. Chr.), der eine neue Goldmünze, den Solidus, einführte, halfen nichts: Das Vertrauen in den Wert von Geld war geschwunden. Die Goldmünzen wurden gehortet und die einst so engen Handelsbeziehungen wieder durch Tauschgeschäfte abgewickelt. Auch Steuern wurden nur mehr in Form von Naturalien eingetrieben; das antike Währungssystem war zerstört. Der Zusammenbruch des weströmischen Reichs und die Auswirkungen der anschließenden Völkerwanderung warfen Europa in die Zeiten der primitiven Naturalwirtschaft zurück.

Die unter Kaiser Karl dem Großen 781 n. Chr. erfolgte erste Münzreform des Mittelalters konnte das verlorene Vertrauen in Geld nur teilweise wieder herstellen. Zu viele Prägestätten kleinster Fürstentümer und Stadtstaaten sorgten für eine unübersichtliche Flut an verschiedenen Pfennigen, was nur den Geldwechslern Freude bereitete. Der Wert der Münzen, die aus immer dünnerem Silberblech bestanden, sank beständig.

5.2 Erste Ansätze eines weltweiten Handels

Zwischen Europa und dem Orient bestanden bereits im Mittelalter intensive Handelsbeziehungen. Importe von Luxuswaren wie Brokatstoffen, Schmuck, Waffen und Gewürzen waren freilich nur für reiche Kreise bestimmt. Im Norden Europas hatten die Wikinger mit schnellen Kriegsschiffen erste Handelsstützpunkte bis Grönland und Nordamerika eingerichtet.

Hansestädte

Am Anfang des 13. Jahrhunderts waren es deutsche Kaufleute, die von Lübeck aus in den Gebieten der Ostsee und Nordsee einen florierenden Handel aufzogen: den Bund der Hanse. Gehandelt wurde mit Pelzen, Getreide, Wolle, Flachs, Fisch, Kupfer, Eisen und Holz. Die Hansestädte errichteten Handelskontore von London bis zur russischen Stadt Nowgorod und erkämpften sich zahlreiche Privilegien wie die Befreiung von Steuern und Zöllen.

Marco Polo

Auch das venezianische Reich wurde durch ein Netz von festungsartig aufgebauten Hafenanlagen in der Adria und im östlichen Mittelmeer gestärkt. Der venezianischer Kaufmann Marco Polo (1254 bis ca. 1324) gelangte auf seinen Erkundungstouren bis an den Hof des chinesischen Kaisers und brachte bislang unbekannte Waren wie Porzellan nach Europa.

Christoph Columbus

Doch erst Spanien und Portugal legten mit ihrer Kriegsmarine und einer Flotte von Handelsschiffen den Grundstein für den ersten wirklich globalen Handel. Die Entdeckung Amerikas durch Christoph Columbus erweiterte 1492 das alte Weltbild, denn ursprünglich hatten die Seefahrer nur eine neue Handelsroute nach Indien und ins sagenumwobene Zipangu (Japan) gesucht.

Abb. 78: **Seefahrer und Entdecker** legten einen Grundstein für den globalen Handel (Nachbauten der Columbus-Schiffe Santa Maria, Nina und Pinta)

Die spanischen Eroberer (Conquistadoren) zerstörten die alten amerikanischen Kulturen der Azteken, Mayas und Inkas nicht zuletzt dadurch, dass sie für die Ureinwohner unbekannte Krankheiten und Seuchen einschleppten, die diese dahinrafften. So konnten die Abenteurer relativ einfach tonnenweise Gold und Edelmetalle aus Amerika nach Hause bringen. Dies löste freilich eine ungeplante Geldentwertung aus, weil die Goldschwemme die Edelmetalle billig und die Waren teurer machte.

Erste Postverbindung

Bereits 1490 wurde das moderne Postwesen begründet. Kaiser Maximilian I. richtete die erste ständige Postverbindung zwischen Innsbruck und Mechelen (einer Stadt in Flandern nördlich von Brüssel) ein. Die Adelsfamilie der Thurn und Taxis zog dafür ein Netz von Poststationen auf, in denen die Pferde für die Postkutschen gewechselt werden konnten. Für die knapp 1200 Kilometer lange Strecke benötigten die Postreiter knapp sechs Tage. Die regelmäßige Übermittlung von Nachrichten war notwendig geworden, weil das Reich der Habsburger durch die Heirat von Maximilian mit Maria von Burgund eine gewaltige Gebietserweiterung erfahren hatte und nun von Südfrankreich bis in die Niederlande reichte.

Handelsfamilien

Unter dem Enkel Kaiser Maximilians, dem Habsburger Karl V. (1500–1558) entstand das erste globale Reich der Neuzeit, wo nach dem Leitspruch „die Sonne nicht unterging", weil es bis Mittelamerika reichte. Die wirtschaftlichen Beziehungen intensivierten sich. Im 16. und 17. Jahrhundert wurden in Europa mächtige Bank- und Handelshäuser wie jene der Fugger und Welser gegründet, die den Monarchen mit Krediten aushalfen. In Oberitalien sicherten sich reiche Handelsfamilien wie die Medici in Florenz durch eine geschickte Vernetzung mit der Politik Macht, Einfluss und Wohlstand.

Börse

In Flandern entstand 1509 in der Handelsmetropole Brügge eine neue Einrichtung, die zum Symbol der Globalisierung werden sollte: die Börse, benannt nach der Patrizierfamilie Van der Beurse. Auf ihrem Haus befand sich am Giebel ein Wappen mit drei Geldbörsen. Bankiers, Händler und Tuchfabrikanten trafen sich hier, um Geschäfte abzuschließen. Die Einführung von Wechseln und Schuldscheinen, die den gefährlichen Transport von Goldmünzen ablösten, erleichterte den Handel, besonders jenen mit dem Ausland. Der Aussteller verpflichtete sich, eine bestimmte Summe zu einem späteren Zeitpunkt zu bezahlen. Ein schriftlich nicht verankertes Kaufmannsrecht sorgte dafür, dass säumige Zahler auch bestraft wurden. In der 1531 in Antwerpen eröffneten Börse fand der erste Handel mit Bezugsrechten für Getreide, Wolle und diverse Rohstoffe statt.

Ausbreitung der Kolonien

Durch die Insellage begünstigt, setzten die Engländer auf den Seehandel und beherrschten nach dem Sieg über die spanische Armada bald einen großen Teil des frühen Welthandels. Handelsgesellschaften wie die „East India Company" richteten erste regelmäßige Seeverkehrsverbindungen ein. Englische und holländische Handelsschiffe transportierten aus den Kolonien Tee, Gewürze und diverse Luxus- und Gebrauchsgüter in europäische Häfen. Die Ausbeutung der Kolonien reichte bis zum gewerbsmäßig aufgezogenen Sklavenhandel, durch den von 1550 bis 1800 geschätzte zehn Millionen Menschen zur Zwangsarbeit von Westafrika nach Amerika transportiert wurden. Der Historiker und Ministerpräsident von Trinidad/Tobago, Eric Williams, veröffentlichte 1944 die These, dass es Gewinne aus dem Sklavenhandel waren, welche den Reichtum Europas begründeten. Der Wohlstand Europas und der USA sei auf dem menschlichen Elend von Millionen AfrikanerInnen aufgebaut worden, behauptete Williams. Aus der neuen Welt kamen auch Edelmetalle und begehrte Agrarprodukte wie Zucker, Mais, Kartoffeln, Tabak und später auch Baumwolle nach Europa.

Die enge Handelsverflechtung zwischen Großbritannien und seinen Kolonien in Nordamerika wurde durch die Einhebung von Zöllen zugunsten der britischen Krone empfindlich gestört. Der Unmut der Einwanderer in „Neuengland" über die für sie nachteiligen Gesetze aus London – darunter hohe Abgaben auf Teelieferungen – führte schließlich 1776 zur Unabhängigkeitserklärung der Vereinigten Staaten von Amerika.

5.3 Globalisierung durch die industrielle Revolution

Massenfertigung

In Europa kam es seit dem Ende des 18. Jahrhunderts zu einer dynamischen Entwicklung des Handels. Erfindungen wie der mechanische Webstuhl oder die Dampfmaschine ermöglichten eine Massenfertigung von Gebrauchsgütern. Die Nachfrage nach Waren stieg und motivierte Unternehmen, in neue, ausgefeilte Produktionen zu investieren. Die wirtschaftliche, gesellschaftliche und kulturelle Verflechtung wurde immer enger und konnte auch durch diverse Kriege und Revolutionen nicht dauerhaft aufgehalten werden. Neue und schnellere Transportverbindungen und Kommunikationsmethoden sicherten den Absatz der industriell erzeugten Waren. Der in Großbritannien dominierende wirtschaftliche Liberalismus, der vom Staat möglichst wenig Einmischung in ökonomische Belange forderte, wurde zu einem weltweit angewandten Leitprinzip. Aber schon damals wurden auch Schattenseiten der ungezügelten Wirtschaft sichtbar: Hemmungslose Ausbeutung der Arbeitskräfte, Kinderarbeit und das Fehlen von Vorsorge für Krankheit und Arbeitsunfälle prägten den sogenannten „Manchester-Kapitalismus" und führten zu einer sozialen Massenbewegung. Im 19. Jahrhundert entstanden neue Parteien wie jene der Kommunisten und Sozialdemokraten, die sich international zusammenschlossen.

Protektionismus

Doch nicht nur die frühen Kommunisten prangerten Missstände des schrankenlosen Wirtschaftsliberalismus an. Auch konservative Regierungen einzelner Nationalstaaten glaubten, mit Schutzzöllen ausländische Konkurrenzprodukte vom eigenen Markt fernhalten zu müssen. Diese Abschottung wird Protektionismus genannt.

Abb. 79: **Bücher als Massengüter** - die Frankfurter Buchmesse

Weltliteratur

Freilich war der sich abzeichnende Weltmarkt für Massengüter nicht mehr aufzuhalten und alle Lebensbereiche wurden von einer neuen Dynamik erfasst. Erstmals entstand auch eine grenzüberschreitende Kultur: Werke von Schriftstellern aus unterschiedlichen Kulturkreisen wurden durch Übersetzungen in ganz Europa bekannt – die „Weltliteratur" entstand. Auch Modeerscheinungen und wissenschaftliche Innovationen wurden durch neue Kommunikationswege rasch auf dem ganzen Kontinent verbreitet. Erste technische Normen sorgten dafür, dass Produkte nach einheitlichen Standards hergestellt wurden, und Ende des 19. Jahrhunderts einigten sich die europäischen Länder (mit Ausnahme Großbritanniens) in Paris auf das metrische System.

5.4 USA als Führungsmacht

Fließband

Neue Produktionsmethoden wie die vom amerikanischen Autopionier Henry Ford 1913 eingeführte Fließbandfertigung sorgten für sinkende Kosten in der Erzeugung, wodurch Luxusgüter wie Autos auch für Bezieher von mittleren Einkommen leistbar wurden. Elektrizität und Telefon kurbelten die Wirtschaftsentwicklung noch weiter an. Neben dem britischen Pfund übernahm der US-Dollar die Funktion einer weltweiten Leitwährung, denn die USA hatten vor allem mit dem Zurückdrängen des spanischen Einflusses in Kuba, Mittelamerika oder auf den Philippinen ihre weltweite Machtposition gefestigt. Spätestens mit ihrem Eingreifen in den Ersten Weltkrieg haben die Vereinigten Staaten von Amerika auch ihren Einfluss als Ordnungsmacht in Europa begründet.

Telegrafenkabel im Atlantik

Der Wirtschaftsraum Europa-Nordamerika stieg Anfang des 20. Jahrhunderts zur innovativsten und dynamischsten Region der Welt auf, die für zwei Drittel der Weltproduktion und drei Viertel des Welthandels sorgte. Auch die Preisentwicklung von Lebensmitteln und Industrieprodukten passte sich durch die rasche Nachrichtenübermittlung – durch das 1866/67 verlegte Telegrafenkabel am Meeresgrund – auf beiden Seiten des Atlantiks aneinander an: Wenn die Getreidepreise an der Börse in Chicago anstiegen, zogen bald auch die europäischen nach und umgekehrt.

Internationale Investitionen

Auch das Kapital hatte inzwischen nationale Grenzen überwunden. Großprojekte wie der Bau des Suezkanals (1896) oder der Eisenbahn von Istanbul nach Bagdad wurden durch internationale Investitionen verwirklicht, womit aber auch die Fremdbestimmung in einigen Regionen der Erde verstärkt wurde. So griff Großbritannien 1882 zugunsten von Anlegern, die um ihr Geld bangten, in Ägypten militärisch ein und errichtete ein Kontrollregime in der Kanalzone. Frankreich wiederum sicherte sich seine Vormachtstellung von Tunesien bis Marokko.

5.5 Nationalismus kontra Liberalismus

Die zunehmende gegenseitige Abhängigkeit der Nationalstaaten löste Ende des 19. Jahrhunderts eine Gegenbewegung aus: Überall in Europa wurden nationalistische Kräfte stärker. Die Gründerkrise 1873 mit Börsenkrachs in ganz Europa beendete die Phase des Freihandels und schrankenlosen Wirtschaftsliberalismus. Einzelne Staaten begannen sich mit Schutzzöllen vor ausländischer Konkurrenz zu schützen.

„Global Player"

Der Ruf nach internationalen Leit- und Schiedsorganisationen wurde lauter. Als erste „Global Player" etablierten sich Großkonzerne wie General Electric in den USA oder Siemens in Deutschland, welche grenzüberschreitend aktiv waren und mitunter auch Preiskartelle bildeten; auch Banken und Versicherungen wie Rothschild, Lloyd's oder Generali agierten nun multinational. In den USA entstanden nach der Entdeckung von Erdöl in Texas um 1901 mächtige Konzerne wie Mobil oder Standard Oil (Esso).

Tourismus als neuer Wirtschaftszweig

Mit den ab 1840 errichteten neuen Eisenbahnstrecken in Europa wurden nicht nur Güter schneller quer über den Kontinent befördert, sondern auch Personen – damit entstand ein neuer Dienstleistungszweig, der Tourismus. In der Donaumonarchie sorgte die neu errichtete Südbahn für Touristenströme in die Seebäder an der oberen Adria, der „Orient-Express" brachte Fahrgäste von Paris nach Venedig und weiter bis nach Istanbul, und in der Schweiz und in Tirol lockten die ersten Wintersportorte Gäste an. Heute stellt der Tourismus für viele Staaten – etwa Österreich – eine wichtige Einnahmenquelle dar, und auch viele ärmere Entwicklungsländer erhoffen sich durch den Tourismus, der für Arbeitsplätze und Deviseneinkünfte sorgt, einen wirtschaftlichen Aufschwung.

Verbesserter Transport

Die industrielle Produktion erhielt durch neue Fertigungstechniken und Arbeitsmethoden im 20. Jahrhundert einen gewaltigen Auftrieb: Neue Schiffs- und Flugverbindungen sorgten dafür, dass Personen und Waren schneller als je zuvor bewegt werden konnten. Dank Kühltechnik konnten auch verderbliche Lebensmittel quer über den Globus transportiert werden: Fleisch aus Australien oder exotische Früchte aus Afrika und Südamerika gelangten innerhalb von zwei Wochen nach Europa.

Vor allem die Getreideimporte aus Amerika führten zu einem Verfall der Lebensmittelpreise in Europa, unter dem die europäische Landwirte litten. Als Gegenmaßnahme wurden hohe Schutzzölle eingehoben, die bald auch für den Handel mit Industriewaren neue Barrieren darstellten. In Europa kam es zu einer Kluft zwischen traditionell auf Freihandel eingestellten Ländern wie Großbritannien, den Niederlanden oder skandinavischen Ländern und mehr „protektionistisch" (auf Schutz der eigenen Erzeugung) gesinnten Ländern, allen voran Frankreich.

5.6 Zusammenbruch & Neuaufbau

Planwirtschaft und Verstaatlichung

Der Erste Weltkrieg (1914–1918) stoppte die Globalisierung der Wirtschaft. Der Welthandel lag danieder und die europäische Infrastruktur war kriegsbedingt zerstört. Sanktionen und Handelsblockaden (sogenannte Embargos) unterbrachen die internationalen Beziehungen. Auch das auf den Goldstandard aufgebaute Währungssystem mit fixen Einlösezusagen – Tausch der Goldreserven gegen Dollarnoten – existierte nicht mehr. In der Sowjetunion entstand das kommunistische System, das mit Planwirtschaft und Verstaatlichung das freie Unternehmertum beendete. Erstmals hatten auch Wirtschaftskrisen globale Ausmaße: Die Inflation der 1920er-Jahre oder die Depression mit dem Börsenkrach 1927 in den USA zogen viele Staaten mit in den Abgrund.

Völkerbund

Erste Versuche einer globalen Weltordnung wie die Gründung des Völkerbunds, des Vorläufers der UNO, im Jahr 1920 oder die Abhaltung von Weltwirtschaftskonferenzen wurden durch den Zweiten Weltkrieg (1939–1945) jäh unterbrochen. Abermals waren Millionen Tote zu beklagen. Die Infrastruktur Europas, aber auch jene in Asien und Nordafrika war zerstört.

Kalter Krieg

Nach dem Krieg kam es zum Neustart: Schon 1944 wurde in Bretton Woods (USA) der Aufbau eines neuen Ordnungssystems für die Weltwirtschaft beschlossen. Weltbank, Weltwährungsfonds und das Allgemeine Zoll- und Handelsabkommen (GATT) sollten Fehler, die zur Weltwirtschaftskrise geführt hatten, in Zukunft vermeiden helfen. Die neu gestärkte Ordnungsmacht USA unterstützte das westliche Europa durch Wirtschaftshilfe beim Wiederaufbau. Wegen des ausbrechenden „Kalten Kriegs“ zwischen den Westmächten und der Sowjetunion kam es zur Gründung von Militärbündnissen wie der NATO und dem „Warschauer Pakt“. Europa blieb lange – bis 1989 die Berliner Mauer fiel – zweigeteilt.

Abb. 80: **Abbau der Berliner Mauer**

Modell Europa

Politiker in Frankreich und Deutschland, allen voran Robert Schuman und Konrad Adenauer, setzten sich nach 1945 für die Beendigung der jahrzehntelangen Feindseligkeiten ein. Und sie begannen mit einer neuartigen Kooperation: Sechs Länder – Deutschland, Frankreich, Italien, Belgien, die Niederlande und Luxemburg – gründeten 1952 die Europäische Gemeinschaft für Kohle und Stahl, in der sie die Kontrolle über wichtige Rohstoffe einer gemeinsamen Behörde – der Vorläuferin der heutigen EU-Kommission – anvertrauten. 1957 dehnten sie die Zusammenarbeit auf die gesamte Wirtschaft aus. Sie gründeten die Europäische Gemeinschaft mit dem Ziel, für einen gemeinsamen Binnenmarkt alle Zoll- und Handelsschranken untereinander abzuschaffen. Der erste nach gemeinschaftlichen Regeln gestaltete Bereich war die Landwirtschaft, aber die Zusammenarbeit wurde rasch auf weitere Gebiete ausgeweitet: Währungspolitik, Außenpolitik, Justiz und Inneres. Die Übertragung von wichtigen Aufgaben an gemeinsame Institutionen bei Wahrung der staatlichen Souveränität der einzelnen Mitgliedsstaaten wurde zum Erfolgsmodell: Die Europäische Union stellt heute mit rund 500 Millionen Bürgern in 27 Mitgliedsstaaten den größten Wirtschaftsraum der Welt dar.

Anstieg der Exporte

Auch der Welthandel verzeichnete einen rasanten Anstieg: Die weltweiten Exporte nahmen zwischen 1950 und 1990 um nicht weniger als 1200 Prozent zu. Die weltweite Vernetzung der Unternehmen lässt sich vor allem an der Entwicklung der wichtigen Finanzplätze in Japan, den USA und in Europa nachvollziehen. Wenn die Aktienkurse von „Schwergewichten" an den Börsen wegen Krisen einbrechen, hat dies sofort weltweite Auswirkungen, wie etwa 2007 mit den Problemen durch sinkende Immobilienpreise in den USA erkennbar wurde.

IT

Die Informationstechnologie (IT), die auf immer schnellere und kleinere Prozessoren zurückgreifen kann, verändert die Welt am nachhaltigsten. Sie erleichtert auch die Mobilität der Menschen: Rund um den Globus können Flugtickets, Hotels oder Theaterkarten online bestellt werden.

Ruf nach globalen Regelungen

Doch vor allem die ungleiche Verteilung des Wohlstands hat weltweit Kritik an der ungezügelten Globalisierung ausgelöst. Der Wettkampf um Ansiedlung großer Konzerne führte dazu, dass multinationale Unternehmen in den USA oder in Europa nur noch geringe Steuern bezahlen. Außerdem entscheiden Konzernleitungen in wichtigen Fragen (Betriebsverlagerungen, Kündigungen) oft nur nach dem Interesse der AktionärInnen (Shareholder Value), ohne auf das Gemeinwohl zu achten.

Neue globale Regeln

Die Vormacht wirtschaftlicher Interessen hat auch den Spielraum der Politik reduziert. Sowohl christdemokratische als auch sozialdemokratische Parteien fordern deshalb in Europa neue Regeln – etwa gegen allzu spekulative Geschäfte an den Börsen. Es soll sichergestellt werden, dass die sogenannte „Daseinsvorsorge" – das sind Grundbedürfnisse der Menschen wie Trinkwasser, Gesundheitssystem, Grundschulbildung etc. – nicht der staatlichen Kontrolle entzogen und reinen Wettbewerbsmechanismen ausgesetzt wird. Die Probleme des Klimawandels sind ein weiterer Hinweis darauf, dass der weltweite Markt nicht alles selbst regeln kann. Politik und internationale Organisationen sind gefordert, langfristige Schutzmaßnahmen für Menschen und Umwelt zu verordnen.

Globalisierung ist gestaltbar

Die Erkenntnis, dass die Globalisierung kein Naturereignis, sondern durchaus auch gestaltbar ist, setzt sich nur langsam durch. Die technologische Weiterentwicklung ist nicht aufhaltbar und sollte es auch gar nicht sein, aber die Rahmenbedingungen für die Globalisierung können von der Politik mitbestimmt werden.

„global governance"

Der deutsche Biologe Ernst Ulrich von Weizsäcker, Mitglied des Club of Rome und der Weltkommission für soziale Fragen der Globalisierung, forderte als einer der ersten Wissenschaftler eine internationale Ordnungspolitik, eine sogenannte „global governance", die auf internationalen Vereinbarungen aufbaut. „Ziel sollte sein, dass diejenigen Staaten und Firmen Vorteile erringen, die sich besonders erfolgreich für die Sicherung der öffentlichen Güter einsetzen. Sozialer Frieden, Umweltschutz, effektiver Rechtsstaat, Langfristorientierung (z. B. durch Bildung und Forschung), eine international funktionierende faire Wettbewerbsordnung sowie internationale Solidarität sind Stichworte für solche öffentlichen Güter. Der Schutz und Ausbau öffentlicher Güter ist das wesentliche Ziel einer internationalen Ordnungspolitik, einer „global governance." Erst dann, so Weizsäcker, würden Menschen die Angst vor der Globalisierung verlieren. „Die Demokratie will nicht, dass sich Menschen machtlos und ausgeliefert fühlen. Die Demokratie will, dass auch im Prozess der Globalisierung die Mitwirkung aller ermöglicht wird."

Abb. 81: **Das Europäische Parlament**

Selbsttest und Übungsaufgaben zu Kapitel 5 „Geschichte der Globalisierung"

Versuchen Sie, die folgenden Aussagen mithilfe des Buches zu überprüfen. Schreiben Sie spontan Ihre eigene Ansicht zu diesem Thema auf.

▶ Aussage 1:

Das römische Weltreich ist wegen des eigenen Geldes, das überall Verwendung fand, gewachsen.
Trifft dies zu? ○ **ja** ○ **nein** ○ **sowohl als auch**

Begründung ....

....

Beschreiben Sie einige Beispiele für Handelskontakte in der Antike. Welche Rolle spielten dabei Gold und andere Edelmetalle?

....

....

• • • • •

▶ Aussage 2:

Die spanischen Eroberer brachten aus Amerika Tonnen von Gold nach Hause. Doch dies löste daheim eine Inflation (Preiserhöhung) aus, weil den Mengen an Gold ein zu geringes Angebot an Waren gegenüberstand.
Ist das wahr? ○ **ja** ○ **nein** ○ **sowohl als auch**

Begründung ....

....

Beschreiben Sie die nachhaltigen Auswirkungen des Ersten Weltkriegs auf die damalige Wirtschaftssituation.

....

....

• • • • •

▶ Aussage 3:

Die digitale Revolution ab 1990 hat mit dem Internet den bisher stärksten Globalisierungsschub ausgelöst.
Ist das wahr? ○ **ja** ○ **nein** ○ **sowohl als auch**

Begründung ....

....

Für welche Aufgaben nutzen Sie das Internet: Fassen Sie einige Nutzungsmöglichkeiten in Stichwörtern zusammen.

....

....

Internetaufgabe
Gehen Sie auf die Homepage von Globalisierung-Online und machen Sie beim „Kolonienspiel" mit. Können Sie den Kolonialmächten einzelne Kolonien zuordnen?
http://www.globalisierung-online.de/CD_Demo/modul_kolonien/index.php

Weiterführende Informationen

Das Internet bietet zahlreiche weiterführende Informationen zum Thema Globalisierung und zu den hier im Buch behandelten Themen. Um diese einfach zu finden, sind hier Links nach Themenblöcken zusammengefasst:

Allgemeine Informationen zum Thema Globalisierung:

Die Bundeszentrale für politische Bildung (BPB) gibt nicht nur zahlreiche Publikationen zu politischen und wirtschaftspolitischen Themen heraus, sie bietet auch einen Internetauftritt mit zahlreichen Hintergrundinformationen. Dem Thema Globalisierung wird dabei breiter Raum geschenkt.
www.bpb.de

Das Wirtschaftsmuseum in Wien bietet interessante Ausstellungen und umfangreiches Informationsmaterial. Ein großer Teil der gut aufbereiteten Daten kann auch online abgerufen werden.
www.wirtschaftsmuseum.at

Tipps für LehrerInnen, SchülerInnen und Erwachsene fasst Globalisierung-Online zusammen.
www.globalisierung-online.de

Informationen auf Englisch: Beide Portale bieten eine Fülle an aktuellen Informationen.
www.globalresearch.ca Center for Research on Globalization
www.ifg.org International Forum on Globalization, San Francisco

„The story of stuff": Ein 20 Minuten langes Video auf Englisch über die wichtigsten wirtschaftlichen Zusammenhänge mit Annie Leonard. Witzig und leicht verständlich.
www.storyofstuff.com

Internationale Institutionen und Daten:

Die Vereinten Nationen erstellen regelmäßig Berichte zu wichtigen Themen der Globalisierung wie Armutsentwicklung, Menschenrechte etc. All dies kann auch im Internet abgerufen werden.
www.un.org

Klimaschutz. Das UNO-Umweltprogramm bietet umfassendes Material über den Klimawandel.
www.unep.org

Arbeitsmarkt. Die International Labour Organization (ILO) ist eine UNO-Agentur, die sich mit dem Arbeitsmarkt und Sozialstandards beschäftigt.
www.ilo.org

Essen und Landwirtschaft. Die Food and Agriculture Organization (FAO) ist ebenfalls Teil der UNO. Sie bietet zahlreiche Daten zum Thema Hunger, Agrarentwicklung, Fischerei etc.
www.fao.org

Energie. Die Internationale Energie Agentur (IEA) bietet Hintergründe zu Energieverbrauch und Energieforschung.
www.iea.org

Migration. Die International Organization for Migration (IOM) fasst auf ihren Internetseiten Informationen zu weltweiten Wanderungsbewegungen zusammen.
www.iom.int

Welthandel. Der Internetauftritt der Welthandelsorganisation (WTO) bietet nicht nur Informationen zu aktuellen Entwicklungen, sondern auch zahlreiches Hintergrundmaterial und Daten.
www.wto.org

Weltbank. Die Weltbank ist eine der wichtigsten globalen Wirtschaftsinstitutionen geworden. Zahlreiche Informationen und Statistiken sind online verfügbar.
www.worldbank.org

Währungsfonds. Der Internationale Währungsfonds IWF (eng. IMF) hat Länderprofile online gestellt, die zahlreiche Berichte und Wirtschaftsdaten einzelner Staaten zusammenfassen.
www.imf.org

OECD. Die Internetseiten der Organisation für wirtschaftliche Zusammenarbeit und Entwicklung (OECD) ist eine Fundgrube für viele wirtschaftliche Statistiken.
www.oecd.org

EU. Die Europäische Union (EU) hat umfangreiche Internetseiten und bietet zahlreiche Informationen über die Gemeinschaft, Statistiken, Berichte, Informationen über Politikfelder und vieles mehr.
www.europa.eu

Wirtschaftskammer Österreich (WKO). Nicht nur mit Wirtschaftsdaten über Österreich, sondern auch mit zahlreichen Informationen über Außenwirtschaft, Handel, Bildung, Hilfe bei Unternehmensgründung, EU etc. wartet der Internetauftritt der WKO auf.
www.wko.at

Deutscher Industrie- und Handelskammertag (DIHK). Die wichtigste deutsche Arbeitgeberorganisation bietet Basisinformationen zum deutschen Außenhandel, Infos zur Unternehmensgründung, zur Aus- und Weiterbildung, zur deutschen Standortpolitik und vieles mehr.
www.dihk.de

Landwirtschaftskammer Österreich (LK). Die Interessenvertretung der Agrarbranche in Österreich hat zahlreiche Informationen über Agrardaten, internationale Entwicklungen, aber beispielsweise auch zum Thema „Schule am Bauernhof" ins Netz gestellt.
www.agrarnet.info

Umfangreiche Informationen über die Schweiz
www.swissworld.org und www.swissinfo.org

Österreichischer Gewerkschaftsbund (ÖGB). Die Arbeitnehmerorganisation gibt online nicht nur Rechtsauskünfte, sondern bietet auch Material zu internationalen Themen.
www.oegb.at

Deutscher Gewerkschaftsbund (DGB). Die Dachorganisation der deutschen Gewerkschaften rückt ebenfalls Arbeitnehmerrechte in den Mittelpunkt ihres Online-Auftritts. Hier finden sich zahlreiche Informationen über Globalisierung, demografischen Wandel, Bildung etc.
www.dgb.de

Attac. Die in Frankreich entstandene Organisation hat sich die Kontrolle der internationalen Finanzmärkte zum Ziel gesetzt. Sie bietet auch per Internet zahlreiche Informationen über ihre Arbeit und ihre Aktionen an.
www.attac.de , www.attac.at , www.attac.ch

Greenpeace. Als international engagierte Umweltorganisation kämpft Greenpeace gegen den Klimawandel und für den Umweltschutz. Über ihre Tätigkeiten informiert sie auf ihren Internetseiten.
www.greenpeace.de, www.greenpeace.at, www.greenpeace.ch

Weltsozialforum Porto Allegre. Alternative Informationen zum Thema Globalisierung und zur sozialen Sicherheit.
www.forumsocialmundial.org

Aus- und Weiterbildung – E-Learning:

Deutscher Bildungsserver für E-Learning: Hier gibt es Angebote für Online-Kurse.
http://www.bildungsserver.de/zeigen.html?seite=1560

E-Learning des **österreichischen Bildungsministeriums:** Unter dem Begriff „Content" sind Spezialkurse und Online-Materialen zu zahlreichen Themen abrufbar.
http://www.e-teaching-austria.at

Berufliche Aus- und Weiterbildung bietet in Österreich das **Wirtschaftsförderungsinstitut WIFI**. Es werden auch maßgeschneiderte Trainingsprogramme mit E-Learning angeboten.
http://www.wifi.at

Berufliche Aus- und Weiterbildung koordiniert in Deutschland das **Bundesinstitut für berufliche Bildung BIBB**.
http://www.bibb.de/de/index.htm

Das **Erasmus-Programm** der EU unterstützt den internationalen Austausch von Studierenden. Tipps finden sich auf dieser Homepage.
www.ec.europa.eu/education/programmes/socrates/erasmus/erasmus_de.html

E-Learning-Portal der **Europäischen Kommission**.
http://elearningeuropa.info/

Quellen und ausgewählte Literatur:

Eine Auswahl an empfehlenswerten Büchern zum Thema:

Atlas der Globalisierung. Le Monde diplomatique; Berlin 2006

Thomas Apolte: *Wohlstand durch Globalisierung;* dtv München 2006

Stefan Aust: Claus Richter, Matthias Ziemann: *Wettlauf um die Welt;* Piper München 2007

Wolfgang Böhm, Otmar Lahodynsky: *EU for you!*; G&G Wien 2006

Christian Felber: *50 Vorschläge für eine gerechtere Welt;* Deuticke Wien 2006

Peter E. Fässler: *Globalisierung. Ein historisches Kompendium;* Böhlau/UTB Köln-Weimar-Wien 2007

Thomas L. Friedman: *Die Welt ist flach. Eine kurze Geschichte des 21. Jahrhunderts;* Suhrkamp Frankfurt 2007

Karl Pilny: *Tanz der Riesen. Indien und China prägen die Welt;* Campus Frankfurt 2006

Jeffrey D. Sachs: *Das Ende der Armut;* Pantheon München 2006

Thomas Seifert, Klaus Werner: *Schwarzbuch Öl – Eine Geschichte von Gier, Krieg, Macht und Geld;* Ullstein Berlin 2008

Kurt Seinitz: *Vorsicht China! Wie das Reich der Mitte unser Leben verändert;* Ecowin Salzburg 2006

Joseph Stiglitz: *Die Schatten der Globalisierung;* Goldmann München 2004

Joseph Stiglitz, Thorsten Schmidt: *Die Chancen der Globalisierung;* Siedler Berlin 2006

Sylke Tempel: *Globalisierung, was ist das?* Rowohlt Berlin 2005

Bildnachweis:

DigitalVision: 28/1, 37/1, 77/1, 94/1, 96/1
Getty Images: 15/1 (Marco Di Lauro), 40/1 (China Photos), 98/1 (STR/AFP), 122/1 (Michael Gangne/AFP), 129/1 (Time & Life Pictures)
Klett-Cotta Verlag, Stuttgart, 2001: Das europäische Geschichtsbuch: 134/1 (Reiser)
Lahodynsky Otmar, Purkersdorf: 64/1
MEV Verlag: 12/1 (Alexander Gräbner), 24/1 (Eckart Seidl), 54/1 (independent light), 62/1 (Ingeborg Wagner), 81/1 (Heinrich Pick), 105/1 (independent light), 108/1 (GEWA Fotodesign), 111/1 (CW-Fotodesign)
Project Photos: 6/1, 35/1, 42/1, 58/1, 84/1, 103/1, 106/1, 120/1
Purestockx: 52/1
SASI Group (University of Sheffield) and Mark Newman (University of Michigan), 2006: 32/1
Shotshop.com: 39/1, 50/1 (Sigbert Georgi), 136/1 (Nadezda Hahn)
Tessloff Verlag, Nürnberg, 1989: Ruffieux/So lebten sie in Babylon: 127/1 (Dagli Orti)
VERITAS-VERLAG, Linz: U1/1 (Susanne Suk, Linz), 131/1 (Susanne Suk, Linz)